数字化魔方

数字化转型的创新思维模式

韦玮 张恩铭 徐卫华 著

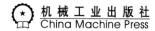

机械工业出版社
China Machine Press

图书在版编目（CIP）数据

数字化魔方：数字化转型的创新思维模式 / 韦玮，张恩铭，徐卫华著 . —北京：机械工业出版社，2020.10（2021.10重印）

ISBN 978-7-111-66681-3

Ⅰ. 数… Ⅱ. ①韦… ②张… ③徐… Ⅲ. 企业管理－数字化－研究 Ⅳ. F272.7

中国版本图书馆 CIP 数据核字（2020）第 186394 号

数字化魔方：数字化转型的创新思维模式

出版发行：机械工业出版社（北京市西城区百万庄大街 22 号 邮政编码：100037）	
责任编辑：王 芹	责任校对：殷 虹
印　　刷：北京文昌阁彩色印刷有限责任公司	版　　次：2021 年 10 月第 1 版第 4 次印刷
开　　本：240mm×186mm 1/16	印　　张：18
书　　号：ISBN 978-7-111-66681-3	定　　价：129.00 元

客服电话：（010）88361066 88379833 68326294　　投稿热线：（010）88379007
华章网站：www.hzbook.com　　读者信箱：hzjg@hzbook.com

版权所有·侵权必究
封底无防伪标均为盗版

本书法律顾问：北京大成律师事务所　韩光 / 邹晓东

我从不考虑未来，因为它来得太快了。
——阿尔伯特·爱因斯坦

推荐语

本书点出了当前企业数字化转型的要害,给出了未来企业发展的路线图和时间表,具有较强的研究价值和实践意义。

魏建国
商务部原副部长,中国国际经济交流中心副理事长

数字化魔方最有魅力的设计,在于将零散的数字化转型思维融合成一个有机整体,这样,企业的每个数字化转型主题都将从顶层设计开始,真正上升到战略层面,融合业务成长和组织发展,描绘出组织能力在数字化时代的全景视图,为组织构建利益共同体、事业共同体和命运共同体开辟了新的思路。

彭剑锋
中国人民大学教授、博导,华夏基石管理咨询集团董事长

当很多人还在哲学信仰层面讨论数字化转型的时候,韦玮团队已经在方法工具层面提出了数字化转型的步骤。你可以用这本书定位自己的阶段,也可以用这本书规划自己的路径。本书非常值得正在思考数字化转型的企业家们一读。

刘润
润米咨询创始人,知名商业顾问

技术可以助力产业升级,产业又可以反哺技术演进,最为重要的是,当数据成为企业的核心资产和最重要的生产要素并结合先进技术将带来商业模式的创新——从链家到贝壳,至今我们已经走过了十多年的变革之路。作为数字化转型的创新思维模式,数字化魔方高屋建瓴,从价值创造、数据协同和组织赋能三个层面着手,提炼了一套行之有效的转型方法论,助力企业商业模式的迭代升级与融合创新。

彭永东
贝壳找房 CEO

认识韦玮十多年了,当年在 IBM 一起做战略与组织顾问时,就经常佩服韦玮敏锐、缜密的思维和快速分析信息的能力。后来过了很多年,又不约而同地加入了 SAP,开始帮助企业从信息化走向数字化。今天看到韦玮的这本书,无论是版式的设计还是里面的内容都有很新奇的视角。作者特别以魔方作为比喻,形象地阐述了企业开启数字化转型之旅过程中各个环节、各个组织、各个角色之间的配合——既符合当今"模块化管理"趋势,强调灵活性,又如魔方的各个模块,必须巧妙地拼搭在一起才能完整和发挥魔力。韦玮还特别分析了几个不同行业和不同应用场景的案例,让读者既可以获得方法论,又可以有一些实践的案例支持。

孙丽军
SAP 全球副总裁,大中华区及亚太区 CMO

缺乏转型方法论和数字化人才,往往是大多数企业在进行数字化转型时遇到的最大挑战。数字化魔方一方面提出了从愿景描绘、顶层设计到转型实施,以及从组织协同到生态提升的方法论;另一方面也指出了在降本增效、融合创新和极致体验这三大核心的数字化转型主题下,企业应该重点关注哪些组织能力以及人才培养方向,而这些也正是在新时代实现组织能力提升和变革的关键。

张春林
时代光华创始人、总裁

智能时代,数字化转型是当今企业发展的关键!读了韦玮的新书《数字化魔方》,非常有收获,值得推荐!

数字化转型是多方位、多维度的!《数字化魔方》提供了新思维模式,通过价值创造、数据协同、组织赋能三个层面,加上客户价值、产品、技术、人才、运营、财务、生态等八个能力柱,帮助大家看清数字化转型的全景及不同的组合!

书中针对方法及工具的讨论,诸如数字化成熟度评估、触发机制、场景设计、商业模式、路径设计、数字技术能力分析、应用/数据架构、模块化中台、敏捷架构、数字化生态战略等,都是数字化转型的关键!

数据、网络、IT，三要素驱动企业数字化转型升级！数字技术、5G、物联网、边缘计算、人工智能、区块链……正在快速发展中！书中大师们的观点、行业案例，都值得借鉴！

作者韦玮20年管理咨询生涯，是从在IBM的8年战略咨询开始的，我很欣喜看到年青一代的传承、创新与超越！韦玮及其团队开创的"数字化魔方"，可以帮助正在转型或想转型的企业家及管理者获得数字化重塑的领先洞见。

最后，全球疫情，气候变暖，全球化格局正在变化，唯有不断创新实践的企业方能引领未来。同时，百年长青的企业是诚信、为社会做贡献的企业。成功的企业数字化转型，是建立智能时代的合规体制，提升企业伦理道德（包括AI伦理），使企业成为受人尊重的企业。与各位企业家朋友共勉之！

钱大群
IBM大中华区前董事长及CEO

我们处在一个新词汇高频出现的时代，以至于我时常觉得，词汇更新的频率早已超出我们的认知高度。随互联网而来，云计算、人工智能、大数据等新兴技术用语冲击着企业的传统运营方式，"数字化转型"也因此成为公司们的战略方向。不过，高频的另一面则是滥用，新词汇也往往会在热议中沦为空谈——韦玮的这本书更像是一种反方向的努力。他把数字化转型分解为价值创造、数据协同、组织赋能三个层面，同时落实在包括财务、运营、技术、客户价值等八个核心能力柱上。这样一来，数字化转型不再是一个概念，而如同一种液体渗透到公司组织的各个细节当中，从内完成改造，应对由此而来的巨大的管理挑战。韦玮及其团队撰写的方法论显然得益于对公司的常年观察与深入理解，以"魔方"形态来模拟数字转型与公司架构之间的关系，也算精妙。

赵嘉
《第一财经》杂志总编辑

作为一名致力于用创新方式提升CEO思维模式的教育者，我也读过一些数字化转型的书籍来为我的咨询提供辅助，但是一般这些书都是又厚又枯燥，能读下去就不错了，更不用提去实际应用。韦玮这本书让我眼前一亮，作者花了很多心思把复杂的概念以清晰易懂的图表方式表达出来，再加上明亮丰富的配色、恰到好处的国内外企业真实案例诠释，让人可以很轻松地读完全书，并且对整个数字化转型的概念、设计、执行和相关的角色等核心模块有比较专业的了解。书中还配置了详尽的评估量表，有助于决策者边读边做，读完的时候就能对自己企业当下的水平有清晰的概念。本书诚意满满，值得对这一领域感兴趣的决策者细细品味。

顾及
真格学院院长

《数字化魔方》这本书既有顶层设计思路，能帮助企业规划数字化转型的蓝图，又有清晰的实施路线图和实用的工具，让企业转型有路径可循、有方法可用，是企业进行数字化转型必备的工具书。

颜杰华
《商业评论》主编

前言

千禧年刚过,中国互联网就经历了第一次井喷式增长,当时我作为一名年轻的咨询顾问加入了IBM,彼时的IT巨头与咨询巨擘热火朝天地讨论着64位多核、宽带的普及和3G网络的应用将如何再造IT的价值。时至今日,虽然3G网络、宽带已经成为旧名词,但是关于新技术如何重塑企业的讨论从未停歇,特别是如何面对新技术和随之而来的数字化时代,成了每个企业都要迈过的一道门槛。

其实,面对新技术、新趋势的困惑与焦虑一直都在。在20年的管理咨询生涯中,伴随着数字化的深入,我亲历了太多企业IT部门单枪匹马,过分追求前沿技术,最后折戟沉沙;也看过不少企业停留在蓝图设计、纸上点兵式的转型规划阶段,无法向前;同时,也见证了一批优秀的企业,它们抓住数字化转型的际遇,实现了跳跃式的发展,而这样的企业,无一例外,都是拥有强大组织能力的企业。我认为企业数字化转型最大的痛点,既不是缺资金,也不是没技术,而是缺乏行之有效的转型方法论和创新人才,从根本上来说,这是组织能力的问题。

数字化魔方正是为了解决这个痛点而诞生的。

作为数字化转型的创新思维模式,数字化魔方既提供了理解数字化转型的全新视角,也提供了评估数字化成熟度的量化工具和规划数字化愿景的适配方案。更重要的是,如果你的企业希望找到能结合实际业务的数字化转型最佳出发点,或者希望打造适应数字化时代发展的组织能力,但苦于找不到方向和路径,我想,数字化魔方一定能起到拨云见日的作用。

当然,数字化魔方从概念设计到最终成型,主要是基于我这些年的管理咨询经历总结和心得体会,也许还存在很多不足之处,而且数字化转型是一个持续演进、永远在变的命题,我会保持思考,让数字化魔方在未来也能得到不断的迭代。

最后,本书的完成,离不开内容和设计团队的辛劳付出,离不开每位成员家人的支持和鼓励,同时还有无数的朋友在本书成书过程中也给予了关心和帮助,感谢各位!

韦玮

推荐语
前言

01 魔方

01-1 重新定义数字化转型　2

01-2 企业的数字化转型解决之道：
　　　数字化魔方　10

01-3 数字化转型三大主题　60

02 玩转

02-1 阿里巴巴：全面开花的数
　　　字化进程　72

02-2 魔方成熟度量表　110

02-3 成功企业面向场景的 1+N
　　　数字化转型　128

03 转型

03-1 愿景描绘　172

03-2 顶层设计　196

03-3 转型实施　208

03-4 组织协同　224

03-5 生态提升　244

04 展望

04-1 角色　256

04-2 技术　264

04-3 素养　268

附录

参考文献　274

团队介绍　276

01-1

重新定义数字化转型

没有成功的企业，只有时代的企业

当我们回顾过去 20 年全球市值排名前十的企业变迁时，除了能看到经济周期、石油能源价格波动、金融危机等宏观因素带来的影响外，最显而易见的是，在最新的市值排行榜单上，互联网和高科技企业已经占据了前十中的七席。

大浪淘沙始见金，工业化时代带着自己的辉煌与传说已经过去，数字化时代已经到来。

在过去的 20 年里，旧金融、旧能源、旧零售先后让位，新兴的互联网服务、科技软硬件和新零售等逐步构建起一个数字化的新世界的雏形，人工智能、5G、物联网、区块链、量子计算等新技术正在为这个新世界添砖加瓦。

在这个新世界当中，工业、能源业、建筑业、农业等传统行业与新技术将发生全面融合，无论在消费端还是在产业端，依然存在着行业新星诞生或者传统巨头逆袭的机会。

没有成功的企业，只有时代的企业。在这个多变的时代，成功的唯一途径就是主动迈入数字化时代，拥抱数字化技术，变革组织能力以实现数字化转型。

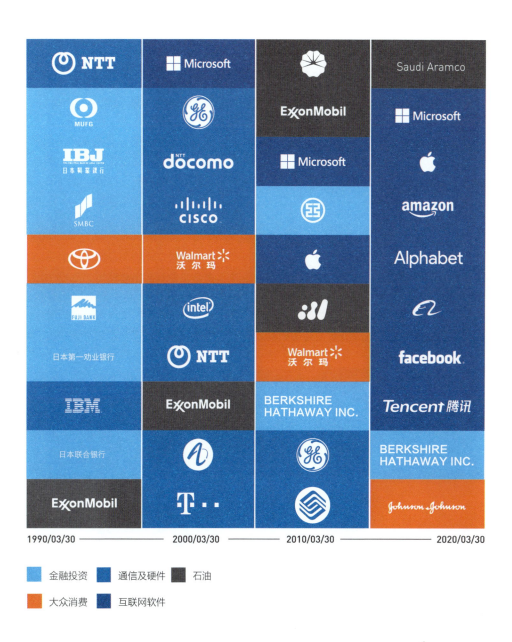

数字化转型的典型误区

数字化转型，是不是我们过去常说的信息化转型的升级版？

在很长一段时间内，甚至直到现在，大多数企业还常把数字化转型简单定义为应用新技术的信息化转型。于是，很多企业的技术负责人"临危受命"，挑起了领导企业的数字化转型工作的重任，通过引入数字技术，新建或升级各类系统去完成企业的"数字化变革"。

毋庸置疑，将云计算、人工智能、大数据等新兴通用技术内化至企业运营体系内，是企业进行数字化转型的重要基础。然而，这类信息化升级并不等同于数字化转型，这只是企业数字化转型战略中的一个组成部分。数字化转型的本质是运用技术推动业务转型，而业务转型与组织能力变革紧密关联。因此，成功的数字化转型，是业务转型、技术转型，包括组织转型在内的一致成功。

数字化转型，我们都准备好了吗？

很多企业管理层已经看到了数字化时代的机会，并且将数字化转型作为企业的重要战略之一，他们认为，机会转瞬即逝，必须马上制订计划，开启各类数字化变革项目。但实际情况并没有想象的那么美好。

麦肯锡数字化能力发展中心的一项调研显示，大多数企业在数字化转型的过程中陷入了"试点困境"。导致陷入这个困境的原因有很多，涉及业务、技术和组织等各方面，但排在前五的主要原因都和技术无关，企业薄弱的组织能力成了数字化转型的最大障碍，首当其冲的是企业缺少数字化转型的专业人才和方法论。

那么，什么是组织能力？组织能力并非单兵作战的能力，而是企业各职能经过整合而形成的战斗力，能够高效协同，不断推动业务的创新，不断为客户创造价值，不断超越竞争对手，具有可持续性。

美团联合创始人王慧文在谈到互联网的下半场时曾说过："用客观的眼光看待中国互联网企业的组织能力建设，除了阿里巴巴，其他都不过关。阿里巴巴的组织能力非常强大，使得它今天能支撑这么多业务，还不出乱子。"

事实正是如此。在2003年"非典"期间，阿里巴巴因为一位员工确诊而不得不进行全员隔离，但它只用了两个多小时就把网络、系统、业务工作和汇报流程全部准备就绪，实现全员在家办公。阿里创始人之一戴珊在谈及"非典"时提到，"非典时期，一天之内我们就实现了所有的交易服务都不受影响，所有流程全部更改"。之后阿里巴巴推出淘宝网的故事大家更是耳熟能详。

依托自己强大的组织能力，阿里巴巴成功越过2000年的全球互联网泡沫破灭、2003年的"非典"、2008年的金融危机，乘借2012年开启的移动互联网浪潮，在几次"大考"中越活越好，逐渐成为集零售平台、支付平台、金融平台、物流平台和文化娱乐平台于一体的阿里经济体。即便

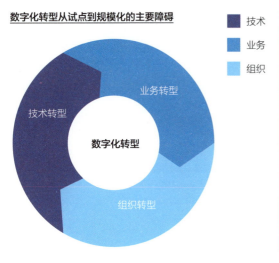

数字化转型从试点到规模化的主要障碍

在 2020 年初出现新冠肺炎疫情时，阿里巴巴也只是电商业务稍受影响，电商业务外的其他业务，例如钉钉 App 就展现出了极强的竞争力，成为联合国推荐全球使用的在家办公、在家上课的首选解决方案。

数字化转型，我们有什么基础？

在数字化转型的过程中，如果说组织能力回答的是企业"怎么去"这个核心问题，那么企业首先就得明确"在哪里"和"去哪里"这两个先导问题。很多企业信心满满，认为自己的信息化水平已经处于非常成熟的阶段，足以支撑自身的数字化转型。但事实大多并非如此，那些表面光鲜的信息系统，内部的数据基础是脆弱、分散、混乱、陈旧的，而这一顽疾已经存在多年，如果在这个基础上开展整体或者局部的数字化转型，其结果可想而知。

在《孙子兵法·地形篇》中，孙子提出了著名的军事思想：知彼知己，胜乃不殆；知天知地，胜乃不穷。其实，相较于"知彼"，孙子在书中更强调的是"知己"——只有充分了解自己军队的情况、自己将要作战的地形、自己将帅的才干和能力，才能最后获胜。

对于企业来说也是如此。

进行数字化转型，企业首先要对自己当前的数字化成熟度进行准确评估。数字化水平的高低，直接决定了企业开展数字化转型工作的发力点在哪里。通常情况下，单个企业的数字化成熟度和企业所在行业的整体成熟度有很大关系。

麦肯锡全球研究院在一份中国新经济报告中对中国的 22 个行业进行了数字化成熟度评估，各行业的数字化水平千差万别。我们用数字化尝试者、数字化追随者、数字化开拓者和数字化领军者四个等级对处于不同数字化水平的行业进行分级，ICT（Information and Communications Technology，信息与通信技术）行业、金融和保险行业等属于数字化领军者，而冶矿、油气等行业还属于数字化尝试者。

数字化成熟度的等级

数字化领军者
- ICT
- 金融和保险
- 媒体

数字化开拓者
- 医疗保健
- 高端制造
- 零售贸易
- 汽车
- 娱乐休闲

数字化追随者
- 化工和制药
- 酒店服务

数字化尝试者
- 冶矿
- 油气

数字化转型,我们有清晰的愿景吗?

从最热衷于通过数字化来打造核心商业模式的互联网行业来看,近两年创业项目死亡率居高不下,其中,又以互联网医疗、金融、婚嫁、房产、共享出行等领域的项目失败风险较高。抛开市场、资本及政策因素,这些项目的失败,背后最重要的原因在于,缺少明确的目标和愿景,没有清晰的商业模式,以及自身的人才和技术能力也不足以支撑企业的数字化转型。

一个清晰的数字化愿景是企业成功实现数字化转型的灯塔。企业当前的数字化成熟度和数字化愿景之间的差距,就是企业在数字化组织能力上的差距。这个差距越大,业务转型升级的难度就越大。

从过去 20 年全球市值排名前十企业的变迁史中我们可以看到,在工业化时代落幕、数字化时代开启的进程中,企业虽然面临着诸多挑战和困境,但本质上都是组织能力建设方面的问题。只有当企业的组织能力符合所处时代的要求时,企业才能逐步拉近与战略愿景的距离,跨越周期,实现基业长青。

那么,如何准确评估企业的数字化成熟度?如何清晰地规划企业的数字化愿景?如何打造企业在数字化时代的组织能力?

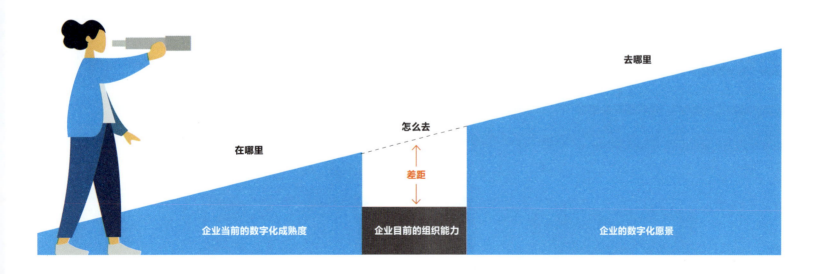

企业看待数字化转型的两种传统方式

如果向 100 位企业家询问前面三个关于数字化转型的问题，你可能会得到 100 个完全不同的答案，也可能有的企业家自己也不知道该怎么做。

传统上，企业看待数字化转型主要有两种方式。

一种是自上而下的视角，即从业务战略和解决业务问题的角度来看，关键词是业务价值、用户场景、数据模型、数字化产品。这种方式其实是问题驱动的，强调问题解决的结果，以及有没有可量化的指标。

首先，扫描业务问题，评估关键业务差距，并对改进结果进行量化分析，例如单一的效率优化（良品率、库存周转率、客户服务响应时间等）、阶段性的市场份额增长，某个产品或业务的收入、利润提升。然后，根据关键业务改进点，设计用户场景并通过产品原型、数据模型进一步验证可行性。接着，开发 MVP（Minimum Viable Product，最小可行性产品）并投入使用。最后，根据获得的数据和反馈进行迭代，如此循环。

在这种方式下，企业的数字化转型思维模式和路径就相对简单、直接，好处是短期内能看到业务指标的改善，坏处是这些改善其实还停留在针对某一个具体业务问题的解决上。因此，这种点状式的数字化转型几乎不会涉及企业的核心业务系统升级，也很难驱动全面的业务转型。就好像有人发烧了，采用的治疗方法是吃退烧药，短期内确实能快速见效，但总是这么做而不找出发烧原因的话，有可能会伤害身体的免疫系统甚至导致抗药性，而且未来这种头痛医头、脚痛医脚的情况会越来越频繁且收益递减。

另一种是自下而上的视角，即从提升信息系统对业务的支撑能力的角度来看，关键词是流程优化、组织再造、系统战略规划等。这种方式关注的是企业的应用系统体系，涉及的层面更广。

例如，很多企业发展到一定规模时都会考虑实施 SAP ERP 系统（利用 SAP 公司的软件技术来开发或实施企业级应用系统，ERP 是 SAP 公司的核心软件），借助成熟的企业级管理系统的力量，驱动业务结合管理的转型。然而，经过短则半年、长则一年甚至更久的开发与实施，即便成功上线了 ERP 系统，企业往往也不能立竿见影地看到业绩提升的效果。因为 ERP 系统在企业数字化转型中的定位是后台系统或者管理系统，处理的是跟财务直接或间接相关的业务，从财务体系传导到业务体系，跨度大、层级多，可能需要很长一段时间才能看到管理的改善。

总的来说，企业看待数字化转型的这两种传统方式，无论是侧重用户场景，还是侧重业务流程，都是一系列离散活动的组合，很难从根本上推动业务转型。真正的数字化转型，需要结合这两种视角和做法，通盘考虑如何升级企业的组织能力以适应数字化时代的需求，同时保持对外部市场和客户的敏感度，边跑边调整方向，持续推动业务转型的实现。

我们认为,

数字化转型可以是:
认识自己、畅想未来,
用数字化技术赋能的企业战略及业务转型。

我们认为，
数字化转型可以是……

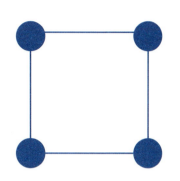
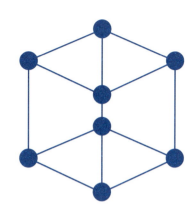

局部改良的数字化转型

局部改良，是企业寻求数字化变革之道最稳妥、最高效的方式。但局部改良的数字化转型，并不意味着独立。从数字化转型的定义可以看到，局部改良的数字化转型，必将影响到核心商业模式，包括内部组织管理、产品或方案，以及客户交付形式。当局部改良的数字化转型开始后，企业的数字化转型之路也就开始了，而且必将遇到下一种情况——协同功能的数字化转型。

协同功能的数字化转型

当局部改良的数字化转型使企业的商业模式开始发生变革之后，为了形成更有效的"商业共同体"，企业将触发相关功能的数字化转型。比如传统企业进行营销数字化转型后，也将会引发供应链数字化改造、产品开发数字化变革甚至人力资源的数字化变革。在这种链式的数字化转型中，协同成为关键的主题。

整体的数字化转型

整体的数字化转型是企业全面变革的重要手段，也是企业重大的战略型决策，意味着商业模式、业务模式、运营模式、管理模式发生了颠覆性的变化。变革的投入是巨大的，变革的过程是缓慢的，企业需要付出耐心和精力，也有可能需要付出沉重的代价，但也将更有机会真正成为一个时代的、基业长青的企业。

当然，无论从哪里开始，是大刀阔斧的整体的数字化转型，还是小步试错的局部改良的数字化转型，抑或是谋无遗策的协同功能的数字化转型，都取决于企业对自己的认知、对未来的畅想以及对道路的无畏。

那么，就让我们开始数字化转型的旅程吧！

01-2

企业的数字化转型解决之道：数字化魔方

01-2-1

数字化魔方

魔方是大自然的一部分,我是发现了魔方,而不是发明了魔方。
——厄尔诺·鲁比克(魔方的"发现"者)

三个转型管理层

无论企业处于哪个行业或哪个发展阶段，是面向个人消费者提供产品还是面向企业提供增值服务，从商业模式的设计到执行，其数字化变革的架构都可以分成多个横截面。越高层面的变革，通常越需要高格局的管理者来进行计划、组织、领导、控制和激励。在数字化魔方的思维模型里，为了更容易理解和高效地分析、诊断，我们对转型的各关键因素进行了聚合，以凸显该层级最重要的价值输出。

顶层：价值创造层

以企业业务及管理各领域的数字化转型愿景和目标为单元，围绕企业**核心价值主张**，构成数字化魔方的第一层——**价值创造层**。各业务要素通过数字化转型方法，构建并实现数字化转型愿景和目标，达成创新或增强的企业价值主张。价值创造层的构建由企业的高层管理者负责，他们的管理活动会产生企业层面甚至行业层面的转型影响力。

中层：数据协同层

以各领域的数据需求和技术需求为单元，围绕**核心数字资产**，构成数字化魔方的中间层——**数据协同层**。将企业现存的大量数据进行数据资产化，并且进行数据的持续开发、管控及治理，通过各类技术手段全面支持企业的各项数字化转型愿景和目标的实现。在企业的数字化转型过程中，对某一类数据的抓取与应用或单个技术的正确导入与突破，会产生超乎想象的转型影响力。数据协同层会对单一的变革单元或者多个单元的效率产生影响，在一定程度上也会对整个企业层面的业务转型产生影响。

底层：组织赋能层

以企业业务及管理各领域的数字化组织建设需求为单元，围绕**转型创新文化**，构成数字化魔方的能力根基——**组织赋能层**。通过具体的业务及管理的组织能力变革实现细节的数字化转型活动及阶段性目标。组织赋能层强调整合、协作与流程化管理，并通过精心设计的组织架构和具备特定数字化技能的团队来赋能企业的价值创造与数据协同。

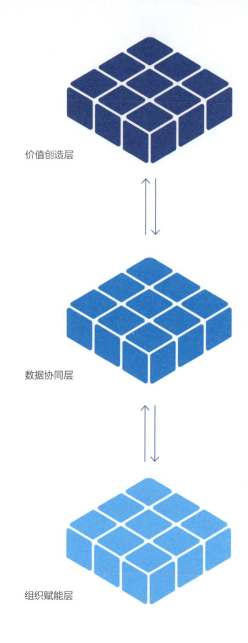

价值创造层

数据协同层

组织赋能层

一个转型价值轴

价值创造、数据协同、组织赋能，三个转型管理层的核心，分别是**核心价值主张**、**核心数字资产**以及**转型创新文化**，这三个核心共同构成了纵向穿透数字化魔方的**转型价值轴**。

核心价值主张

核心价值主张是企业价值创造的核心，是从外部客户端到内部价值生产端，从企业价值的产生、传递到最大化的全过程体现。各类型的企业数字化转型，都将最终创新或强化企业的核心价值主张，从而推动企业整体业务模式变革。核心价值主张决定了企业数字化转型的成败。

核心数字资产

核心数字资产是数据协同的核心，有效建设和盘活企业的核心数字资产并辅以相应的数字化治理体系和技术，可以促进企业核心价值主张的增强或转型升级。也就是说，数字化转型的实现必须始终依赖并不断增强企业沉淀的核心数字资产。在数字化时代，没有数据、算法和算力，就没有业务的基石。数据的收集、整理和分析，针对不同业务场景部署的算法和算力，共同形成核心数字资产。

转型创新文化

转型创新文化是组织赋能的核心，是承接商业模式和数字化转型的重要载体，是支撑数字化转型的全部组织能力的重要黏合剂。一方面，转型创新文化的打造，源自核心价值主张和核心数字资产的驱动；另一方面，转型创新文化也是所有创新活动、创新流程、创新组织和团队创新力的集中展现。

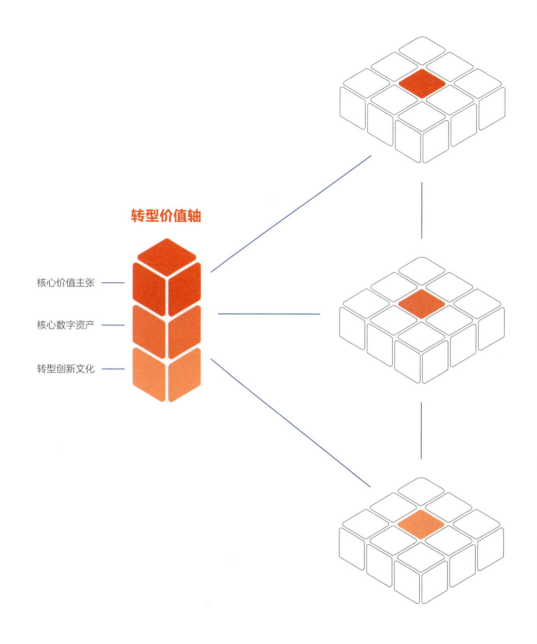

八个转型能力柱

在数字化转型过程中，随着与核心的转型价值轴配套的周边职能日趋成熟，企业的各项变革需求逐步细化，像柱子一样，支撑和环绕着企业的业务模式和战略目标。八个转型能力柱围绕着核心转型价值轴，共同构成了数字化魔方的完整思维模型和方法论体系。

由横纵这两个重要维度形成的数字化转型全景视图，就是数字化魔方。

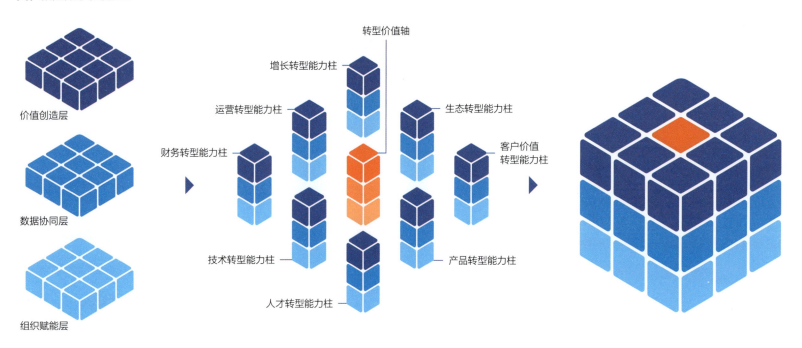

01-2-2

解码魔方

数字化转型是一个管理命题，须贯穿于整个企业，从战略、运营一直到执行的各个环节，使其落地并创造价值。围绕着转型价值轴，配合数字化魔方的 3 个转型管理层和 8 个转型能力柱，企业可以积极调动魔方的 27 个模块，展开一系列的数字化转型活动。

魔方：数字化转型的最广泛模型

数字化转型已经成为近年来最热门的话题之一，"互联网+""上云""智能制造""工业4.0""业务中台""微服务化"等，越来越多的新名词冲击着企业管理者的神经，企业一方面对转型越来越焦虑，另一方面却感觉无从下手。大部分已经开始尝试的企业，其数字化转型仍然停留在对某个单一业务场景的重塑或对内部信息化系统升级的阶段。一个缺少方法论的转型必然无法贯穿企业转型的战略、运营与执行，更无法打通企业的各个组织环节。

传统的管理咨询方法强调解决问题最核心的步骤是通过自己的经验，加上对数据的梳理与分析，得出解决方案。这一模型作为解决问题的一种经典方案在数字化时代依然适用，然而其中的经验与数据，其内涵已经悄悄发生了改变。

数据：数据的获取手法不再是传统的问卷收集、客户提供数据、焦点小组或者访谈。如今，数字化技术大大提高了我们获取与分析数据的能力，数据的作用从未如此被放大。

经验：某一个体或者战略主导者的经验依然重要，然而数字化时代的不确定性在增强，技术也在迅猛迭代，靠传统的自上而下以一己之力撬动全局的执行方法已经无法适应时代发展的要求，我们迫切地需要在经验的基础上建立或者借鉴一套全面的方法论。

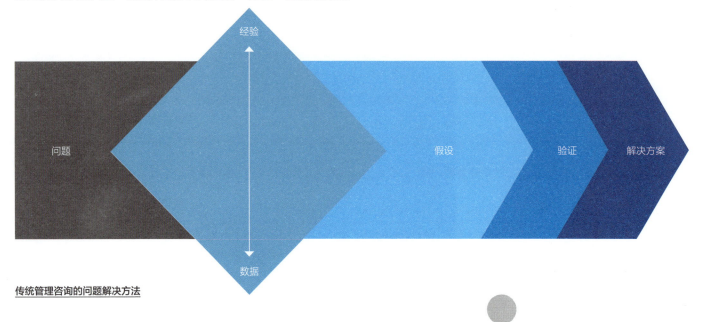

传统管理咨询的问题解决方法

这就是数字化魔方的意义所在——作为方法论框架，它为转型提供了一套以数据为核心的广泛模型，帮助企业评估当前的数字化成熟度，通过对各个职能部门的数字化完善，最终完成全面系统的组织转型。

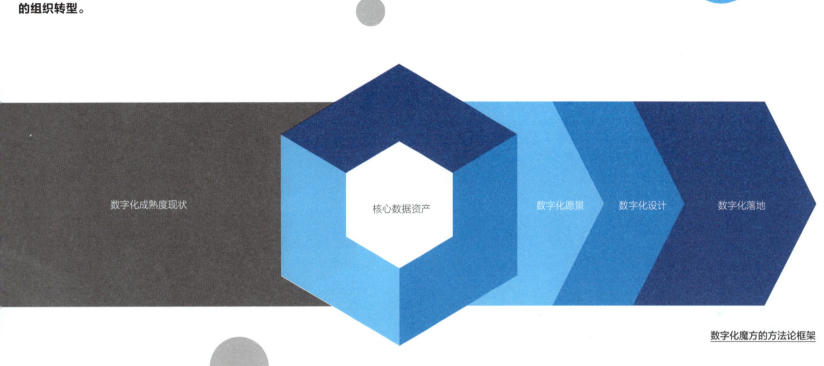

数字化魔方的方法论框架

转型价值轴：围绕数据的循证转型

一般而言，企业的战略执行都会经历制定战略、转化战略、运营执行、自省与检查、检验与调整的步骤。在这一过程中，企业的策略选择与阶段性目标的设定和调整往往是基于企业领导的直觉与经验，或者是来自并不全面的客户分析与调查报告数据。数字化技术则为这种传统做法带来了新的机会，越来越多的数据来源及采集技术与越来越智能的算法使企业的数字化之旅成为有据可循、循证而变的过程。

在这有据可循、循证而变的转型之旅中，所循的"证据"就是"数据"，因为核心数字资产是整个数字化魔方方法论的核心。以数据为核心而上下延伸的转型价值轴是魔方的中轴，无论魔方如何转动，无论采用何种组合策略，数据的核心地位和转型价值轴的中轴地位都不会改变。

在转型的任何阶段，企业都可以重新审视自己的转型价值轴，确保从核心价值主张到核心数字资产再到转型创新文化的统一。转型价值轴是魔方的中轴，也是企业数字化转型的根本出发点。

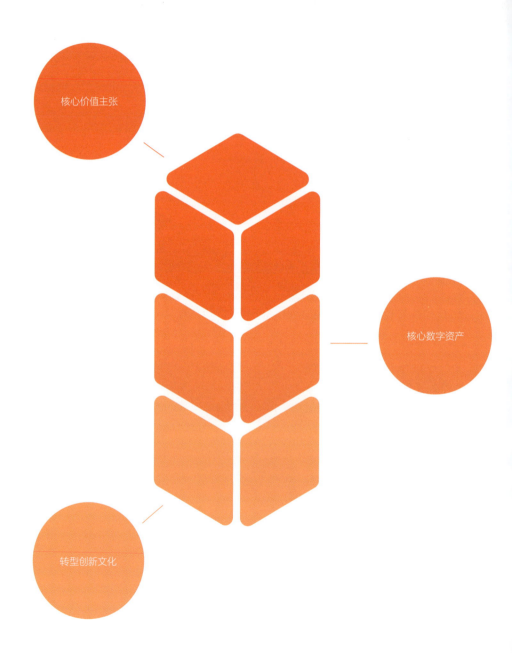

转型管理层：业务、数据与执行的统筹

除了时刻以"中轴"为转型的出发点与中心点，企业还必须意识到数字化转型是一个循序渐进的长期变革过程，不是一个短期项目或计划，因此需要充分调动全员参与，各业务、各职能部门在这一过程中都要找到属于自己的转型角色。

从上至下：注重顶层设计。成功的转型必须得到高层管理者的重视与推进，从第一层的业务模式讨论和转型目标的确认，到第二层的数据协同实现运营模式的内部动员，再到第三层的组织能力的展现和落地，可以说，企业的高层管理者、中层与基层员工都要从自己的转型角色出发，自上而下地去落实转型的路线图和目标。

从下至上：在推动数字化转型的具体执行进程中，来自内部的支撑也同样重要。组织通过大胆的探索与实践，进行业务和管理活动的场景创新，实现降本增效或管理与业务的融合，同时在实践中积极复盘和总结，从而反馈至第二层的数据协同与第一层的价值创造。

魔方的三层，通过多轮的上下互动、及时的联通与反馈，做到了战略、运营和执行的统一部署，也赋能了企业全员，真正达到了宏观与微观统筹、战略与执行并重，三层协作，牵一发而动全身。

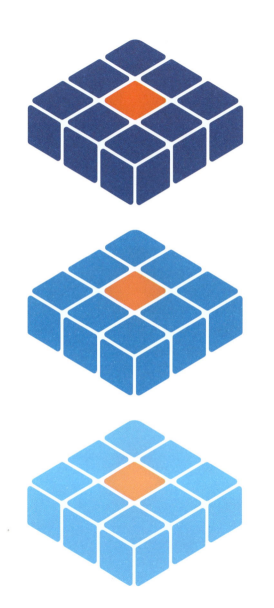

转型能力柱：业务和职能的全面协作发力

正如前文所言，至今仍有不少企业将数字化转型定义为企业技术部门的数字化改革，很多 CIO（首席信息官）或 CTO（首席技术官）得到了管理层关于转型的通知，就开始了一系列的 IT 建设与改进，却苦于得不到业务部门的配合；也有不少企业将数字化转型认定为企业战略层面的改革，于是 CSO（首席战略官）领衔在顶层展开了数字化转型的规划，但高屋建瓴之后，落地时却发现与业务部门的使用场景脱节，或者超前的规划无法在技术上落地。

因此，企业必须清楚地认识到，数字化转型的全过程中会有大量利益相关者介入，这场数字化转型之旅不仅仅是顶层战略规划，或者 IT 架构升级，也不仅仅是人力资源部门的组织架构调整，或者营销与产品服务的数字化策略。数字化转型涉及的角色不仅包含企业内部所有业务和职能部门，还包含企业生态体系中所有的合作伙伴。

在这样的前提下，数字化魔方形成的价值轴与能力柱又可以从三个角度去看。

对外的视角：增长、生态、客户价值
对内的视角：财务、技术、人才
内外的衔接：运营、转型价值轴、产品

在这样的八大转型能力柱与转型价值轴紧密配合、协同发力下，组织才能完成全面的数字化转型。

总的来说，每个转型能力柱，都对应一个核心高管或者一类核心职能。转型管理层、转型价值轴、转型能力柱三个要素合纵连横，构成了数字化魔方这一有机体。数字化转型不是单一职能部门可以驱动的，而当所有职能部门都加入数字化转型进程中时，传统企业前中后台的概念将会被彻底打破，企业的各项新组织能力的规划和落地都需要高层推动，在战略价值层上进行统一筹划，以 CEO（首席执行官）为中心，企业各个职能领域的首席管理者应该协同发力，用自己独特的价值创造为数字化大厦添砖加瓦。

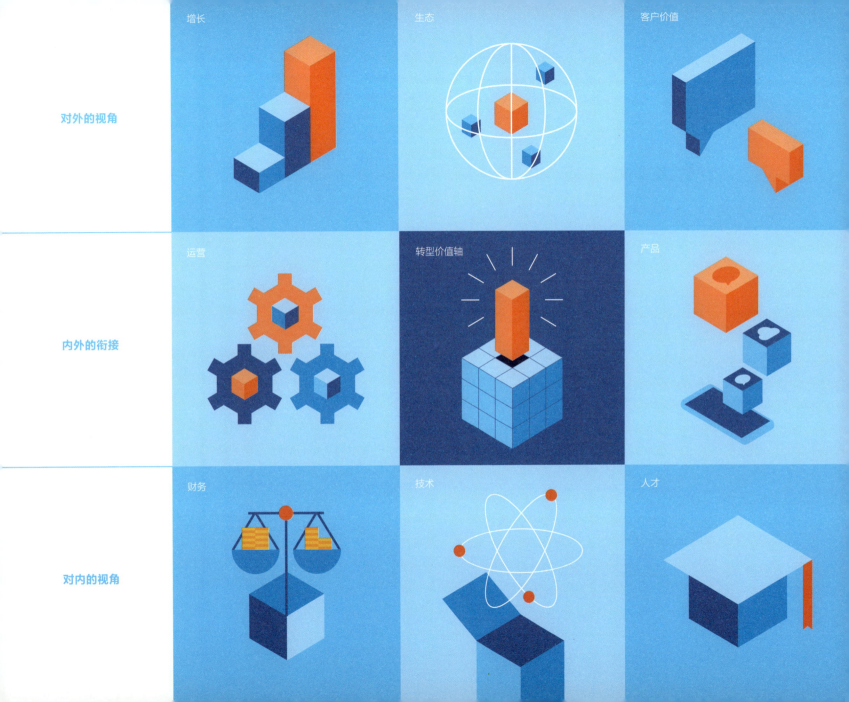

01-2-3

神奇的转型价值轴
与转型能力柱

转型价值轴

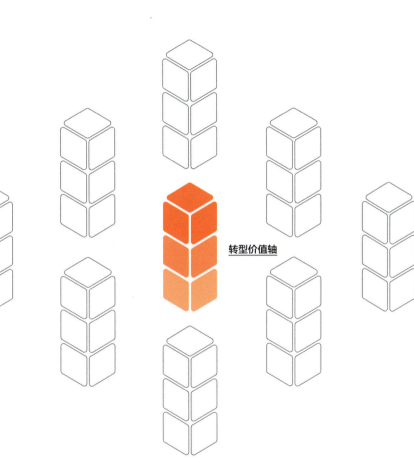

转型价值轴

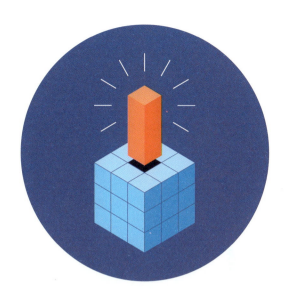

核心价值主张：利用数字化技术进行创新，并通过对核心数据资产的复用，为客户提供匹配其需求的独特承诺，形成商业模式变革。

核心数字资产：有效建设和盘活企业的核心数据资产，并辅以相应的数字化治理体系和技术来促进企业核心价值主张的增强或转型升级。

转型创新文化：塑造以数据应用为中心的创新文化，这种创新文化具有协作性、适应性、透明性和包容性四大特征。

转型价值轴从上至下由核心价值主张、核心数字资产和转型创新文化构成。无论魔方如何转动，转型价值轴始终不变，为企业的所有数字化转型工作指明方向。

企业的数字化转型，以核心价值主张的实现进行驱动

核心价值主张是商业模式的起点，描述了企业提出的可兑现的独特承诺和客户需求之间的联系，以及客户为什么要选择这家企业。

对企业而言，核心价值主张的重要性不言而喻。它意味着企业生存的底线，如果没有这种可兑现的独特承诺，企业很可能会被淘汰。甚至可以说，企业卖的永远不是产品或者服务本身，而是核心价值主张：如果企业卖的是产品本身，那么所有功能先进的手机都应该能卖得出去；如果企业卖的是服务本身，那么所有服务周到的火锅店都应该门庭若市。然而，现实情况是，很多外观设计和技术水平都一流的手机厂商已经没落，很多口味和服务品质都良好的火锅店门可罗雀。

为什么？从根本上来说，这是因为企业的核心价值主张和顾客的需求没有达成适配。

企业家亚历山大·奥斯特瓦德（Alexander Osterwalder）博士、洛桑大学信息系统管理教授伊夫·皮尼厄（Yves Pigneur）和创新家格雷格·贝尔纳达（Greg Bernarda）等联合开发的价值主张设计画布就很好地说明了这个问题。价值主张画布分为客户概况与价值图，完成这两个部分的分析之后，需要检验二者是否达成适配，即提供的产品或服务所带来的收益和对痛点的解决方案，是否与客户的任何一项行为、期待相契合。

企业的核心价值主张和顾客的需求达成适配分为三个阶段：第一阶段，企业向客户提供能解决其某一痛点或为其带来收益的价值主张，并获得一小部分客户的认可；第二阶段，企业的核心价值主张受到大范围的正面欢迎，市场份额扩大；第三阶段，沿着核心价值主张，企业形成可实现且可盈利的创新商业模式。

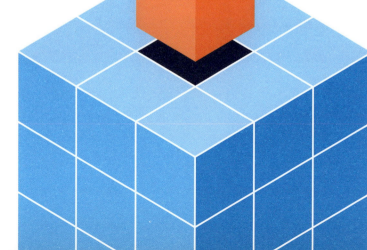

Value Proposition Canvas
价值主张画布

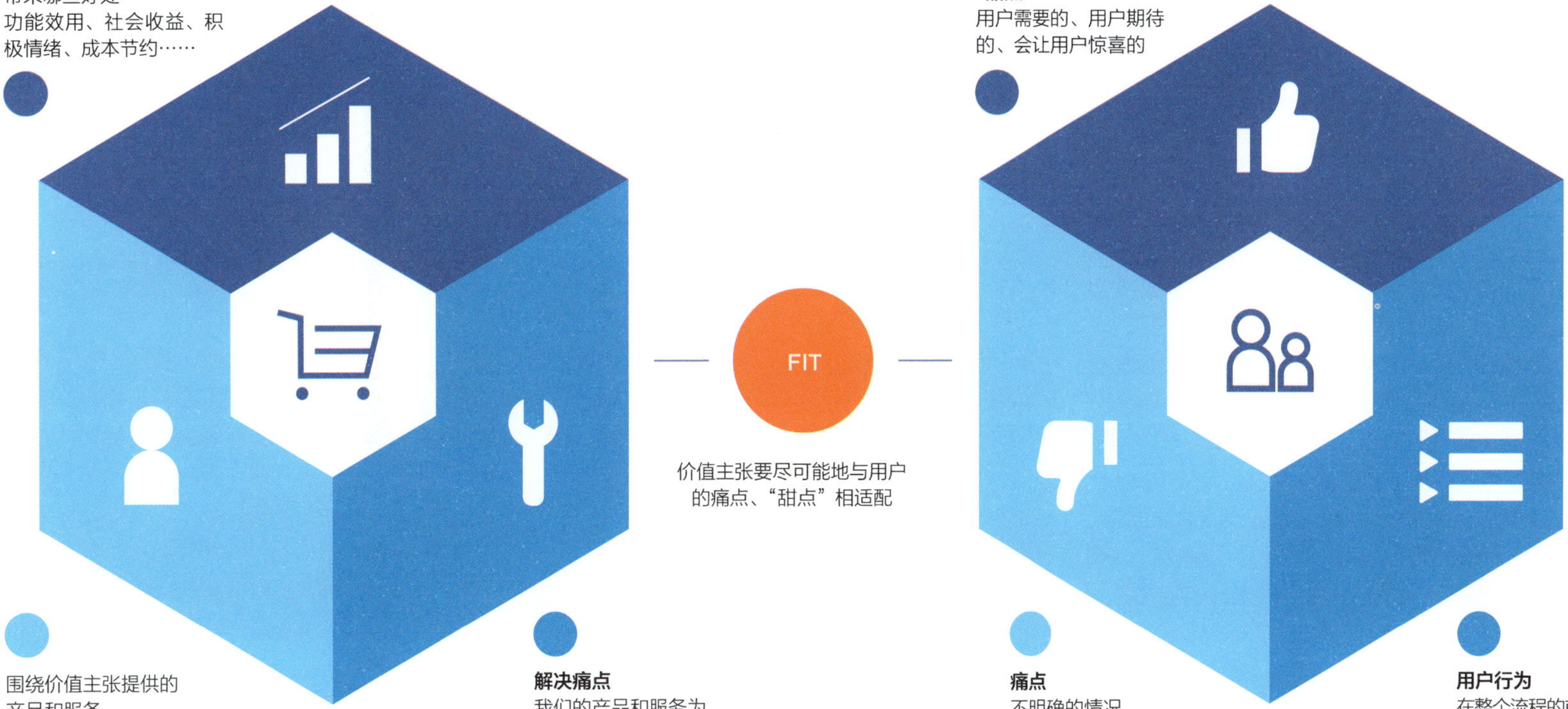

提供收益
我们的产品和服务给用户带来哪些好处
功能效用、社会收益、积极情绪、成本节约……

"甜点"
用户需要的、用户期待的、会让用户惊喜的

FIT

价值主张要尽可能地与用户的痛点、"甜点"相适配

围绕价值主张提供的产品和服务

解决痛点
我们的产品和服务为用户解决了哪些苦恼

痛点
不明确的情况、负面情绪、凶险

用户行为
在整个流程的前、中、后，用户做出的行为
功能行为、社会行为、情感行为……

25　DIGITAL CUBE

组织能力的转型，归根结底是组织文化的变革和落地

在数字化时代，企业能否生存下来，很大程度上取决于企业能不能利用数字化技术进行创新，并通过对核心数据资产的复用，为客户提供可兑现的承诺。这个承诺不仅要是独特的，而且要能与客户的需求相适配，然后与市场相适配，最后与商业模式相适配。而在这个过程中，人才、技术、硬件等都相对容易解决，最难、最具挑战的反而是组织文化的改变。

《哈佛商业评论》分析服务部在 2018 年对 734 名企业领导者展开的一项调查显示，55% 的受访者认为文化是其组织数字化转型工作的重要障碍。这份调查同时给出了**企业数字化转型的重要文化特征**。

协作性。例如：支持分享工作、以小组形式启动项目，以及有效衔接其他项目组以组建跨职能团队。
适应性。例如：信息自由传播，个人能够做出决策并应对突发状况，鼓励实验并从中吸取经验教训。
透明度。例如：个人和团队定期向多个利益相关者汇报相关计划、产品或流程，决策者分享数据和资源。
包容性。例如：建立相关渠道以提供反馈或了解项目和活动，领导者和项目团队主动征求不同意见，以及制定集体或协作决策流程。

总的来说，数字创新文化这一基础决定了核心数字资产和核心价值主张构成的"上层建筑"。建立在数据科学基础之上的美国个性化服装订购制电商 Stitch Fix 能够获得成功，也证明了以数据应用为中心的创新文化的重要性。

数字化时代的到来，让很多像 Stitch Fix 这样的企业，可以通过建立数字创新文化并利用技术进行创新，从而增强企业的核心价值主张。当然，也只有坚持数字化核心价值主张的企业，才有机会在这个时代成长为巨头。

📁 案例研究

Stitch Fix 的核心价值主张是为商品找到合适的客户，改善人们买衣服的体验。因此，Stitch Fix 的商业模式很简单：根据你注册时填写的问卷和每次收货后提交的反馈，把你可能会喜欢的并且是由专业造型师搭配的衣服和配饰寄给你，然后你可以留下想要的，把其他的再寄回来。

成立之初，Stitch Fix 创始人兼 CEO 卡特里纳·莱克（Katrina Lake）和整个团队就确定了建立数据科学能力以促使业务规模化的数字文化。于是，和大多数企业的数据科学团队向 CIO 汇报不同，Stitch Fix 的数据科学团队直接向 CEO 汇报。此外，Stitch Fix 不是根据客户的购买历史来推荐，而是把数据、机器学习和专业造型师的判断结合起来，为每个客户提供个性化的推荐，创造独特的体验。同时，充分依托数据和算法进行创新，不仅由机器学习催生了满足客户个性化需求的独家款服装，还保证了在正确的时间向客户推荐尺码、颜色、设计和款式都正确的衣服。更重要的是，虽然数据文化渗入了企业的 DNA，但 Stitch Fix 仍然充分考虑人的因素，认为人拥有机器所没有的同理心，坚持让优秀的人类专家和高质量的算法共同合作。

从 2011 年创办至今，Stitch Fix 已在纳斯达克上市，核心业务收入全部来自产品推荐，2018 年财年活跃客户数为 274 万，营收达 12.27 亿美元，净利润为 3800 万美元，2016～2018 年的重复购买率保持在 80% 以上。

客户在 Stitch Fix 的购物流程

5　试穿，确定购买或退回服务费可冲抵服装购买费用

4　按时收到盒子（每单称为一个 Fix），里面有 5 件衣服或配饰以及搭配方法

3　Stitch Fix 专业造型师挑款　服务费 20 美元

2　选择订购周期，按周或季度，或者按需

1　填写风格偏好问卷，自愿登记 Facebook、LinkedIn、Instagram 等社交媒体账号

增长转型能力柱

价值创造： 找到与新技术相结合的下一个业务增长点，设计第二曲线使企业实现持续增长。

数据协同： 对所有与增长相关的数据进行综合考量，寻找并评估数据增长点，进而触发增长变革。

组织赋能： 明确增长变革部门，建立高效协同运营机制，明确能力增长点，全面支撑增长变革。

增长转型能力柱

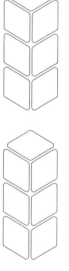
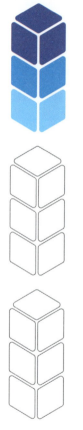
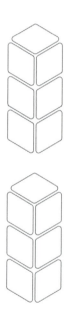

数字化时代的企业增长转型，主要以数据进行驱动

首先，找到企业当前业务的"爆发起点"和"增长瓶颈"。爆发起点是企业的商业模式通过了市场检验并获得第一次增长的起步时刻，增长瓶颈则是企业当前业务达到最高峰并出现第一次下降的时刻。其实，无论企业多么优秀，产品多么广受欢迎，如果一成不变，都会导致增长瓶颈的出现。

然后，一方面对宏观经济、市场趋势做分析和预判，另一方面找到当前业务中因为新技术的到来，正在发生或将会发生倍速变化的核心竞争力（也可能是某个功能点），通过与新技术的结合，使其最大化并成为新业务的爆发起点，以确保在旧业务达到增长瓶颈时，能由此产生新一轮增长。

增长价值的数字化转型，通常状况下是由数据激发的。

通过数据洞察，激活企业增长点

过去，市场是以产品为中心的，企业围绕产品，用广告、促销和公关活动等传统营销手段吸引客户，促成消费。而现在，媒介形式不断丰富，各种社交媒体层出不穷，信息日趋碎片化，企业已经失去了利用中心媒体简单粗暴地影响消费决策的机会，必须通过全方位了解客户的关注、喜好、消费、决策与推荐习惯，并将这些资产进行数据化，从中找出"肉眼"难以察觉的增长点，获取更多新客户。

"增长黑客"（Growth Hacking）是近几年很多互联网从业人员津津乐道的术语，AARRR 流量漏斗模型是其中最典型的增长工具 —— 获取（Acquisition）、激活（Activation）、留存（Retention）和转化（Revenue）客户，并使客户进行自发推荐或分享（Referral）。

获取用户
PV、UV、CPC
注册量、注册率
获客成本 CAC

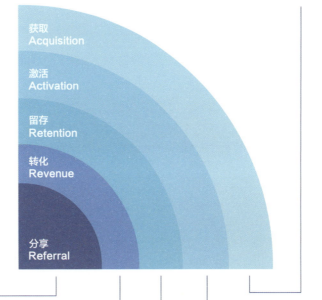

从第二曲线看企业持续增长

其实，获取流量并实现转化只是很浅层的增长能力，企业在数字化时代的增长价值不应该局限于此。目前，中国经济已经从红利变现阶段转向创新驱动的存量竞争阶段，企业的增长价值更在于利用数据这一核心资产，通过产品创新和业务创新来打造增长的"第二曲线"（The Second Curve）。

"第二曲线"是管理哲学之父查尔斯·汉迪（Charles Handy）提出的著名理论。他认为，企业应该在第一曲线到达巅峰之前，找到带领企业二次腾飞的"第二曲线"，并且第二曲线必须在第一曲线达到顶点前开始增长，以弥补第二曲线投入初期的资源（资金、时间和精力）消耗，这样企业就能实现持续增长。

> 📁 **案例研究**
>
> 2000 年，租赁 DVD 在家观赏还是美国观众看电影的主流方式，Netflix 的在线 DVD 租赁业务也发展得如火如荼，但在那时其技术团队就已经开始研究如何通过互联网技术让人们更直接地在线观看电影。
>
> 现在，基于长期积累的用户行为数据（搜索、观看、快进、收藏、回放和评分等），Netflix 对所提供的影视内容进行精密细分，在精确把握用户喜好（题材、演员、镜头和情节）之后，才进入选择题材、导演、演员的制作阶段，最后依托算法向客户做精准推荐。通过对数据这一核心资产的充分利用，Netflix 依靠产品创

新和业务创新，实现了从 DVD 租赁服务企业成功转型为全球流媒体巨头，又从全球流媒体巨头成功升级为全球影音娱乐内容巨头，并持续保持增长。

Netflix 的增长历程是数字化时代企业持续增长的缩影。虽然利用数字化技术来获取流量的短期增长也是一种增长，但只有通过产品创新和业务创新来驱动的增长才是可持续的增长，而企业所具备的这种能力才是数字化时代的增长价值所在。

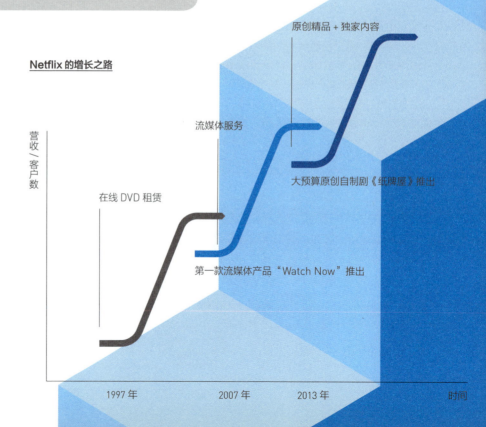

Netflix 的增长之路

业务与产品创新驱动增长 – 以 Netflix 为例

	第一轮增长	第二轮增长	第三轮增长
爆发起点	时间：1997 年 为客户提供在线 DVD 租赁的服务，支付月费或年费就可以收到自己选定的 2 张 DVD，什么时候看完就什么时候寄回，Netflix 自动再发送已预约的另外 2 张 DVD。到 2006 年，客户数量迈入千万门槛	时间：2007 年 正式推出流媒体产品"Watch Now"，让客户可以直接通过互联网观看电影。到 2012 年，客户数量达到 2500 万人	时间：2013 年 基于数据挖掘和分析，由算法识别出以议员为主人公的政治类型电视剧会很受欢迎，于是投入 1 亿美元精心制作的原创剧集《纸牌屋》上线。2013 年客户数量直接新增 1300 万人，到 2020 年，全球客户数量超过 1.5 亿人
核心竞争力最大化（功能点）	不限制次数，也没有违约金，让一个客户在一定时间内可以看多部电影。客户看得越多，就越信赖并且越愿意继续订购这项服务	把电影内容压制后上传到服务器，客户可以直接点播观看。开发推荐算法，为客户精准推荐，2011 年客户在线观看时长超过 DVD 观看时长	不仅给客户推荐他们会喜欢的内容，而且使用数据分析和预测，用大预算制作符合客户口味的精品原创内容。2020 年用于原创内容制作的预算达到 173 亿美元（几乎相当于 2019 年中国电影全年票房的 2 倍）
增长瓶颈	时间：2010 年 互联网发展速度越来越快，人们更喜欢选择直接在线看电影，而不是必须要通过实体租赁 DVD 回家看。DVD 租赁业务开始下滑	时间：2013 年 影视内容全部依赖于传统的影视公司、发行公司，自己既不生产内容，也没有内容定价权。更重要的是，客户想看的内容，还不一定能提供。如果不能为客户提供足够多的可观看内容，客户会取消续订	

企业的一切在于增长，这是一条伴随企业经营无须多言的不二法则。然而，这条法则常年被淹没于企业的各个职能部门之中，从无须多言变成了无人在言。直到 2017 年，可口可乐为应对数字化时代的挑战，历史性地改设 CGO（首席增长官）这一职位，增长这一概念才重新成为舆论焦点。

对于业务增长方式的数字化变革，企业应该引起足够的重视。但目前，绝大多数企业一方面缺乏对增长这一关键领域的组织建设能力，包括增长变革的核心高管认定、完整的组织架构、激励机制、工作流程及授权管理机制等；另一方面，缺乏系统的方法论指引与技术能力，比如基于假设的增长场景进行算法开发和数据规划等。

在企业内部还没有一个组织能够负责增长转型数字化变革的情况下，由战略部门负责、各相关部门配合，不失为一个过渡性的选择。

运营转型能力柱

价值创造： 以总体运营体系设计为视角，重新审视并设计数据共享、业务及管理响应、合作生态等价值模式。

数据协同： 利用与运营相关的供应链、工业互联网、智能制造、自动化、预测性等关键数字化技术，着手打造高效流畅的体系。

组织赋能： 建立透明化的运营体系，对各环节实现全局掌控，通过完善的流程架构打通部门壁垒，全面实现组织运营能力提升。

运营转型能力柱

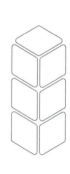

数字化时代的运营转型，主要以价值和组织进行驱动

数字化时代到来，企业提供的产品和服务将会随着客户需求的持续升级而不断变化，企业的运营工作也将随之发生改变。

- 新进入的区域市场可能需要本地供应商或工厂。
- 原材料和库存管理可能需要更加灵活，才能配合生产与销售计划的调整。
- 营销渠道可能需要充分考虑客户的所有接触点。
- 客户服务可能需要新型物流合作商提供更多便利。

这些改变也意味着，以往"各自为政"的研发、采购、生产、销售、仓储、物流和服务等职能部门和流程，将合而为一构成企业价值链中密不可分的运营体系。

一个高效流畅的运营体系，不仅可以促使研发、生产、销售和服务等过程当中的跨部门职能和外部合作伙伴达成无缝连接，还可以把供应链的协调运行与客户的实时需求进行统一，实现资源整合最大化，为客户创造价值。

透明、共享、及时响应与无缝连接，是运营价值的突出表现

领先企业取得商业成功的关键，很大程度上得益于其高效的运营体系能持续且稳定地为产品和服务提供支撑，并能即时应对客户需求的变化。

从高效流畅的运营体系中可以看到，运营体系的透明化、对各环节的全局掌控，以及数据共享机制、及时响应的反馈和执行流程、内部与合作伙伴的无缝连接方式，都是以数据和技术能力为驱动的价值链重构的结果。

高效流畅的运营体系具有四大特点

体系透明：运营体系透明化，无障碍对各环节实现全局掌控
数据共享：体系内的关键成员可同时查看信息与进程
响应即时：实时反馈和接受终端客户的需求变化信息，并迅速规划和执行
无缝连接：内部职能与供应商、物流商、分销商等外部合作伙伴整合，保证从产品、服务的创新到交付客户之间的连通

> **案例研究**
>
> 戴姆勒公司旗下的梅赛德斯-奔驰汽车部门通过高效流畅的运营体系，实现了灵活和透明的智能生产，从研发、生产到质量管理、物流和售后服务，建立了连续性的数字化流程链，同时，小到传感器等配件，大到巨型设备、生产线和工厂，都能全球互联并具有极强的市场适应性。因此，这样的运营体系对市场的响应也比以往更加及时，连电动汽车生产也能被整合到现有的生产线中。
>
> 美的集团早在2011年就启动了数字化转型战略，不仅全面重构系统，实现集团级的统一标准和语言，同时还开发和完善了周边系统，实现所有流程和数据端到端的打通。旗下厨房电器事业部则构建了以"设备自动化、生产透明化、物流智能化、管理移动化、决策数据化"五个维度为依托并包含了软硬件基础设施的数字化运营体系。通过使用美的集团供应商协作云，实现与供应商的数据共享，供应商能实时查看美的厨电现有库存和排产信息，美的厨电也能看到供应商的材料库存和物流信息，生产安排可以精确到每条生产线、每个小时，交付也更快捷，整个运营体系效率更高。2010年才突破营收千亿元大关的美的集团，到了2018年，营收高达2618亿元。【详见本书第2章美的集团案例】

数据和技术，是打造高效流畅的运营体系的关键

在数字化时代，客户对产品和服务的需求不断提升，过去的分割式运营不但造成大量效率损耗，而且难以应对瞬息变化的市场和日益残酷的竞争。领先企业已在利用包括端到端集成供应链规划、工业互联网、智能制造系统、协作与智能机器人自动化、预测性维护等关键数字化技术，着手打造高效流畅的运营体系。企业只有把内部职能与外部供应商、合作伙伴、客户等整合起来，才能发挥出强劲的运营价值，最终为客户提供最佳体验。

领先企业为了更好地发挥强劲的运营价值，不仅把RPA（Robotic Process Automation，机器人流程自动化）应用到运营体系中，而且还在探索RPA与AI（Artificial Intelligence，人工智能）的融合。

RPA对运营体系的最大意义，便是提升效率和降低成本

- 效率：24×7全天候工作；操作速度是人工的数倍不止，且能减少人为错误。
- 成本：在标准化的前提下，实现了流程自动化，成本大幅降低。
- 安全：不会出现人为干预时有可能出现的数据丢失风险。
- 合规：机器人依据规则驱动而处理业务流程并自行储存数据。
- 扩展：不仅可以成为不同业务系统之间的桥梁，而且能适用于多个业务场景、领域和行业。

例如，在库存管理时，企业的库存记录与管理通常涉及多个系统，RPA就能轻松实现系统间的协调和通信的自动化。在采购中，保持供应商信息的实时更新十分重要，这能确保不同部门可以使用正确的数据，RPA就可以更新相关数据和信息，从而把采购人员从这些事务性工作中解放出来，使其能专注于供应商关系和绩效的管理。

现在，具备自主学习能力、认知能力的AI，恰能够和基于规则的RPA形成互补，RPA也拥有了更多智能化的属性，这意味着在运营体系里，企业的生产力借助新技术还将进一步得到释放。

财务转型能力柱

财务转型能力柱

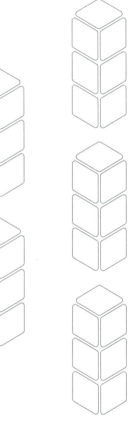
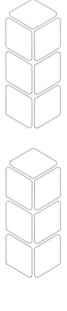
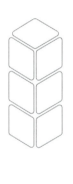

 价值创造： 建立敏捷的财务价值，参与数字化产品的设计和创新，通过投资并购进入新领域并跟踪成效。

 数据协同： 通过新技术的应用和辅助，为业务部门提供深入的数据见解和预测，提供基于财务数据的投资决策。

 组织赋能： 财务职能进化成为更全面的新角色，成为新产品新业务的财务分析专家和业务发展顾问。

在数字化浪潮中，长期被认为位于大后方的财务部门也踏入了漩涡中心，面临着前所未有的挑战。

一方面，虽然传统意义上后台管理部门包括采购、生产研发、销售、市场、技术、财务、行政、人力资源等，但是财务是其中唯一一个既参与业务层面和内控体系流程，又掌握所有关键信息的部门，对成本结构、收入来源与资金流向、企业运营状况等有着透彻的了解。

另一方面，财务与董事会、管理层有着天然的密切联系，往往能够掌握企业战略规划的第一手资料，甚至能对战略决策产生一定的影响。而且，财务擅长和数字打交道，也更能客观地通过数字来评价和衡量企业战略的执行成效。

数字化时代的财务转型价值，主要以财务的角色转变进行驱动

现在，身处漩涡中心的财务部门不仅要面对风起云涌的外部环境，还要面对因为技术创新加速了业务转型而日益剧增的企业风险和变数。因此，财务部门必须转变其数字化时代的角色，才能真正发挥出自身的财务价值。

过去，财务部门是精打细算的"财务总管"，被动式记录数字，铁面无私地控制成本和分析风险。这种传统的管控角色认知显然已经不合时宜，而且还有可能成为阻碍创新的一大屏障。

实际上，随着时代的演进，财务部门在整体商业价值中能够起到的作用已经今非昔比，财务职能必须进化成为更全面的新角色——通过新技术的应用和辅助，实现先进的预测性分析，不但能为业务部门的决策提供更明智的建议，还能整合经营数据，尽可能最大化挖掘商业模式当中的财务价值，并主动管理风险。

通过优化财务模型、数据预测以及经营跟踪，创建敏捷的财务价值

在企业的数字化转型过程中，财务部门能够发挥独一无二的引领作用。虽然企业及其所处的行业、市场和环境不尽相同，但财务价值具有共性，最典型的特征便是敏捷。

那么，什么是敏捷的财务价值？

第一，参与数字化产品的设计和创新。商业模式的创新，并不意味着必须推翻现有的战略和经营体系。财务模型作为商业模式里极其关键的一环，揭示的是企业的成本结构、收入来源、投资效率和资金风险等。如果用发展的眼光审视财务的价值，有没有可能发现创新的机遇？

菜鸟网络是阿里巴巴集团2013年牵头成立的互联网科技企业，专注于搭建四通八达的物流网络。成立一年之后他们发现，不同快递公司自己定制的快递面单千差万别，存在几个大问题。

- 格式不统一，商家为了批量发货不得不投入过高成本来接入不同快递公司的订单系统。
- 纸质面单没有接入数据平台，个人客户前期先手工书写，快递公司后期再手工录入，每月对账工作极其烦琐和低效，既增加成本，又容易出错。
- 难以对快递行为进行全程信息化管理。

于是，他们决定推出电子面单系统，财务部门则直接参与了这一数字化产品的创新与设计，打通了菜鸟网络平台与商家、快递公司、个人的"财

	常见的商业模式创新机遇	财务的眼光
产品/服务/市场层面	提升当前的市场占有率 优化现有产品或者服务 打造线上线下一体化 开发新的目标市场	"只有及时把产品或者服务卖出去，才能拥有收入和利润。那么，实现卖掉的前提是，产品和服务已经做得很好了。有没有可能投资研发，让做产品和服务变得更好？" "提升收入很重要，这需要投资建立高效的运营平台和技术平台来支撑。另外，有没有可能逐步降低运营中的成本，在未来实现利润增加或者形成新的盈利点？"
运营层面	提升反应速度 采用自动化技术 整合业务流程	

务"数据，不仅直接节省了传统纸质面单产生的巨额成本，而且实现了一个包裹能在几亿件包裹里被识别、处理、配送和结算，由此所形成的数据极大地为快递的后续路径规划提供了依据。

第二，为业务部门提供深入的数据见解和预测。如今，通过财务部门往来的数据有着更高的实时性和动态性，而且非结构化的数据日益增多，不同业务单元、部门和分子企业还有着更多的信息交换和共享。财务部门应该主动负责集中管理风险及分析业绩数据，从而为业务部门提供深入见解和决策依据。

领先企业的财务部门早已意识到了这一点。埃森哲与中国总会计师协会在2019年对100家领先中国企业的财务高管开展调研发现，75%的受访者认为建立财务数据分析、预测能力和加强对业务的支持，是财务部门未来两年工作的首要议程。

> **案例研究**
>
> 一家零售企业的财务部门就通过财务数据分析来确保业务部门的创新取得成功。他们改变了以往只提供基础汇总数据报告的做法，对业务部门产生的财务数据进行深入研究，发现如果能实时调节进货频率，将释放库存管理的压力，一举三得：合理控制进货资金的大量支出；保持热销商品的库存规模；降低物流成本。

第三，投资新领域并跟踪成效。越来越多的企业考虑通过收购新业务、新技术、新团队等迅速提升企业的数字化组织能力，对于这类收购并购，财务部门除了深入参与商业尽职调查之外，还应该通过分阶段投资的方法来管理风险。

首先，在未知领域的投资应当遵循一定的逻辑顺序。例如：可以先应用基础的自动化工具来处理常规报表、对账等例行流程，既能提升效率和降低成本，又能提高数字的准确度；在重复性的任务实现标准化和自动化之后，再投入使用人工智能、认知计算等高级分析技术对数据进行解读，并结合各种因素来预测有可能会发生的情况，进而有针对性地制订应对计划。

其次，对于因经营需要而进行的新领域投资，财务部门则应在一开始就介入并持续进行跟踪。例如：可以通过少量投资来研究实际结果，视成效大小来决定是否追加投入；或者，在企业发展初期，把投资集中在能够解决关键业务问题的领域，当企业进入稳步发展阶段，再完善投资规划。

如果财务部门想要评估本部门是否具备数字化时代的敏捷特征，可以思考如下几个问题。

- 财务部门是否能够洞察商业模式中有可能存在的创新机遇？如果能，是否可以提供支持？
- 财务部门是否能够快速、灵活地应对业务创新带来的变化？
- 财务部门是否能够帮助管理层看到或者预测企业在下个月、下个季度甚至下一年达到什么位置？
- 财务部门是否能够对商业模式中可能的财务风险进行标识和提前预警？

财务部门的角色正在从被动式记录历史信息的"传统部门"，转变为能挖掘商业模式财务价值并主动管理风险的业务参与者。具备敏捷特征的财务部门，将能帮助企业在竞争中保持领先地位。

生态转型能力柱

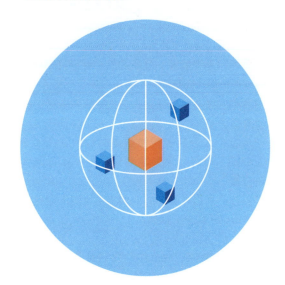

价值创造： 主导企业未来战略发展的核心职能，设计生态建设路线，确保企业建立并实现构建开放协同的生态圈的愿景。

数据协同： 保持对行业内外通用技术的敏感，保证与当前及未来行业平台的技术共容性与数据连通性，并制定生态建设中的技术与数据策略，确保其核心性（不可分享）与连通性（可分享）。

组织赋能： 明确企业内部生态建设的职能，并保持其在价值管理层的前瞻性，以推动企业其他职能部门配合，全面提升生态组织能力建设。

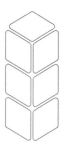
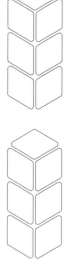
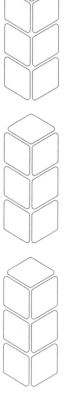

生态转型能力柱

在融合跨界已经成为数字化时代主流的今天，数字化技术已成功跨越了空间和距离，企业不能再闭门造车，而应该主动追求生态价值最大化——利用数字化技术，冲破行业界限与资源约束，整合产品与服务，最终建立一个开放协同的生态圈。

迎接数字化生态时代的到来

现代营销学之父菲利普·科特勒（Philip Kotler）在其著作中根据企业的竞争地位，将企业分为市场领导者、市场挑战者、市场跟随者和市场补充者四类。长久以来，商业竞争的逻辑是相对简单的，成为某一细分市场的领导者，时刻警惕挑战者，即可获得持续的成功。而随着数字技术的发展，成为某一细分市场的领导者已经不足以使企业立于不败之地，出现这种现象的原因就是——飞速发展的数字技术已经打破了行业的界限。

腾讯的 QQ 是很多人认识互联网的第一个窗口，当马化腾与几个伙伴一起创建 QQ 时，也许并未想到互联网会以如此颠覆的姿态改变着产业；而当马化腾再次提出"互联网＋"的概念时，我们已经可以感受到数字化的速度，互联网已经渗透到所有的行业。任何一个行业，任何一个场景都在以不同的形式与数字化进行互动和结合，被数字化重新定义；以人工智能、增强现实、大数据为代表的未来技术已经毋庸置疑地改变了市场生态。这其中的一个例子就是以芝麻信用为代表的互联网金融行业。

> **案例研究**
>
> 一直以来，中国的小微企业都面临着贷款难的问题。或是因为缺少良好的征信记录，或是因为没有固定资产等抵押品，小微企业的信贷问题一直困扰着其发展。这一僵局，在数字化时代，成功被阿里巴巴推出的芝麻信用打破了。阿里巴巴凭借自己旗下的淘宝、支付宝、天猫等电商平台，积累了诸多小微企业的交易、分销、物流、客户评价等海量数据，而这些数据，经过智能分析，成为评定小微企业信用等级的根据，在此基础上，芝麻信用发布了"灵芝"系统，聚焦企业信用报告、信用评分和指数等服务板块，为企业提供可靠的征信服务。信用审核这一过去耗费大量人力、精力、线下操作的传统业务，在互联网时代，已经逐渐被取代。凭借自己多年经营的生态体系，阿里巴巴轻而易举地打破了传统信贷业务的壁垒。
>
> 麦肯锡在《全球银行业报告——凤凰涅槃：重塑全球银行业，拥抱生态圈世界》中表示："尽管实施全面的数字化转型对银行驾驭数字化和数据驱动的新世界至关重要，而且还能改善利润，但可能还不足以防范主要平台企业的威胁或实现可持续的经济效益。银行可能还需要学会在银行业以外的生态圈经济中开展有效竞争。对许多银行来说，最有吸引力的增长机会在于制定成功的生态圈战略。"

这样的改变不仅仅发生在金融行业：传统硬件制造商、互联网企业纷纷进军家居市场；Airbnb 搅局酒店业；传统石油行业布局自动出行与新能源汽车……数字化技术已经打破了行业界限与市场生态，任何企业可以与任何企业进行合作，或进行竞争。

在这样的宏观环境下，一个不重视生态体系构建的组织必然无法完成数字化转型的目标。企业必须重视生态建设，明确对外进行战略投资与生态体系拓展合作的责任部门和负责高管，提升组织能力以应对数字化时代的新要求。

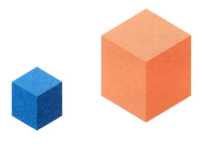

数字化时代的新经济学逻辑

一般来说，企业的生态布局存在下面三个阶段。

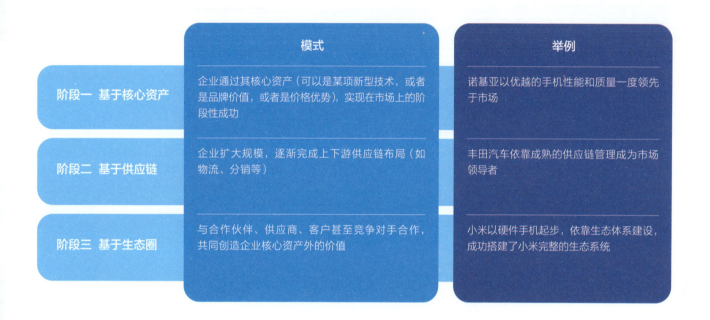

工业时代的企业大多处于前两个阶段，而数字化与互联网改变了传统的经济逻辑，给企业提供了向生态圈发展和扩张的基础。

传统经济学认为，边际收益不会无限增长。但是在互联网时代，数字化技术跨越了时间与距离，使数字化产品或服务具有了非物质属性，可以跨越边际效益限制，实现指数式增长。我们甚至可以大胆地说，如果你是云服务产品，你的边际成本就无限接近于零，你可以零成本进入平台，接触海量客户，形成规模经济，实现边际收益无限递增。数字化技术正是这样将越来越多的企业连接在一起，形成生态圈，使它们可以利用开放的平台、较低的进入成本，共同创造所有企业共享的规模报酬，实现收益递增。

因此，伴随着竞争边界的消失和收益无限递增的可能，面向未来的成功的数字化企业，必须将围绕核心价值主张和核心能力，构建其生态体系作为数字化转型的重要路径和终极目标之一。

生态转型之开放平台与数据赋能

在确定了向生态圈发展的价值导向后，企业必须注意建立或者加入开放平台的重要性，并使用技术打通壁垒，用数据赋能可持续发展。

📁 **案例研究**

小米，作为数字化企业中的佼佼者，其发展过程正是一个利用技术和数据进行生态圈建设的过程。

经过近十年的发展，小米在 2019 年成为最年轻的世界 500 强企业，这与其从 2013 年就开始打造生态布局 IoT（物联网）密不可分。小米生态的核心就是其 IoT 开发者平台，这是一个面向多种领域并提供全面支持服务的开放平台，小米生态圈中的所有企业或者其他想要把自己的硬件设备接入小米平台的开发者都可以自由访问并享受其服务。

这一平台最显著的两大特点就是连接和智能，智能硬件 + 云端平台 +App，构成了其基本框架。

连接：将生态圈内企业及第三方企业的硬件设备、服务、应用，通过云端、SDK 等多种接入方式尽可能多地接入小米 IoT 开放平台，与小米生态体系内的团队共享一个云端平台。

智能：利用生态企业的智能硬件、服务和应用获取足够多的客户数据，经过算法优化，持续为客户提供更加智能的服务。

通过统一开放的技术接口，接入更多的应用与硬件，形成 IoT，来获取海量客户数据，并通过数据持续优化小米终端硬件与应用的 AI 智能服务，依靠 IoT+AI 的双剑合璧，通过连接获取并打通数据，通过数据优化智能服务，小米成功打造并完善了自己的生态圈。

小米 IoT 开放平台示意图请见下页。

2010 年
小米成立发布 MIUI

2011 年
小米手机一代发布

2013 年
红米、小米电视路由器上市

2014 年
小米生态链启动

2015 年
小米放弃饥饿营销，手机产能出现问题

2016 年
小米开始进行供应链优化管理，同时其生态链发展迅速，投资企业达到 77 家

2017 年
小米手机销量重回增长，生态链企业中 16 家年收入过亿元

2018 ~ 2019 年
小米上市，进入世界财富 500 强

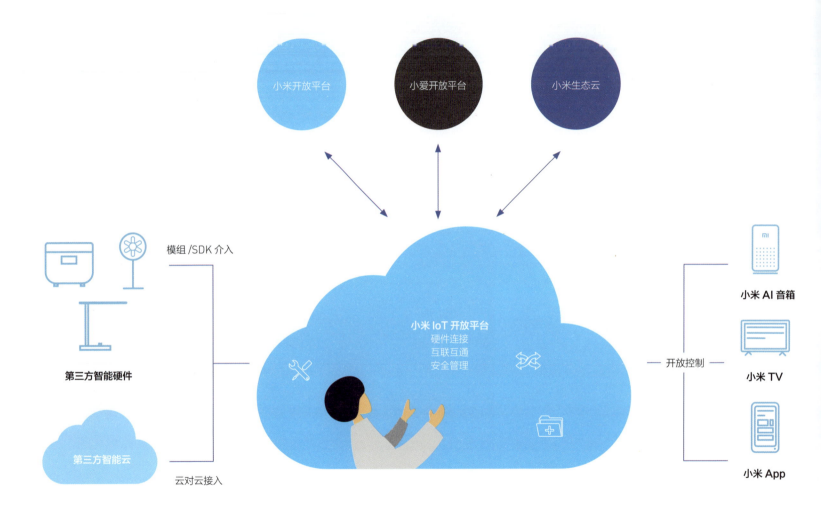

技术转型能力柱

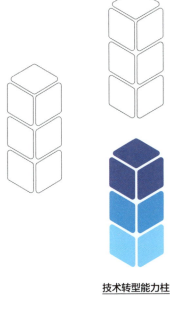
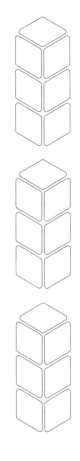
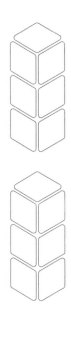

技术转型能力柱

 价值创造： 明确技术在数字化转型中的核心地位，确保以技术驱动变革的价值定位，同时以技术变革持续影响其他职能部门的数字化转型。

 数据协同： 保证对成熟通用技术的敏锐度，促进通用技术的内化及其与业务场景的充分融合，并考虑通过技术进行产品和服务创新乃至商业模式变革。

 组织赋能： 重新定义企业的技术体系与IT架构，确保企业IT部门从成本中心到利润中心的角色变化，从单一运维到用技术变革赋能企业各个业务部门的转型。

随着数字化时代的到来,"每一家企业都是一家科技企业"的愿景不再是遥远的梦想。技术作为变革的支持与推动力量,发挥着至关重要的作用。企业应该从创造价值的层面界定自己对技术的期望值,洞察新技术趋势,用新技术提高业务效率,促进业绩增长,并进一步驱动企业的创新和转型。

技术是第一生产力

云计算、增强现实、区块链、5G,在过去十几年中,技术从未以这样爆炸的姿态增长与喷发,而企业的技术领导者们也面临随之而来的挑战。在技术飞速更迭、不确定性增加的大环境下,企业应该重新定义自己的技术体系,追求对技术的最大化认知,以技术提升效率、驱动变革,实现企业在数字化时代的持续成功。

案例研究

德国化工业巨头巴斯夫就是追求技术价值、提高生产运营效率的集大成者。

增强现实技术:巴斯夫全球百余家工厂将增强现实技术应用于企业的基础设施维护,实现了预测性维护,即通过预测企业相关设备的性能曲线,提前启动维护工作,或者调整作业流程,实现效率提升。

超级计算:巴斯夫的超级计算机 Quriosity,其高效的建模和模拟能力,使其对产品生命周期管理的效率得到极大的提升。通过对其明星产品、工业催化剂的模拟,巴斯夫可以通过减少原料投入、减少浪费,保障可持续发展。

数据分析技术:巴斯夫通过数据分析技术,增加其供应链的数据可视性和透明度,提高了交付能力与可靠性,并且通过对其生态体系中其他合作伙伴的数据分析,提高了对客户的个性化服务程度及响应速度。

巴斯夫的首席数字官直接向 CEO 汇报,确保其数字化战略与公司整体战略的紧密联系,并针对巴斯夫来自各行各业客户的应用场景需求,定制效率提升和服务体验改善的数字化解决方案。

技术驱动商业模式变革

洞察新技术趋势,在合适的时机引入外部通用技术,有时会给企业带来更为宏观的战略创新与变革。

通常来说,企业业务瓶颈可以触发对于新技术的关注。此外,外部的产业趋势以及竞争环境,也倒逼企业不得不去选择新技术武装自己。当然,目前更多的企业则是在战略的驱动下,进行有计划、有节奏的技术升级,这种技术的不断更迭,促进了数字化转型的不断进化。

Netflix 的跨时代持续增长背后,就是利用了云技术,通过上云之旅驱动变革。Netflix 曾在 2008 年——在线视频播放业务开通一年后,因为访问量巨大,瘫痪了 7 天。在此契机之下,Netflix 开始进行了基于云技术进行服务化架构改造的技术变革之旅。

通过对云技术的敏锐嗅觉,经过多年努力,Netflix 对流量的支持达到了最大化,在 2018 年消耗了全球 15% 的下行流量。而也正是这一上云的历程,为其成为全球最大视频订阅商提供了技术上的可能性,使其完成了从 DVD 租赁业务到在线视频点播业务的战略变革。

应用层
各个业务团队在 PaaS 和 IaaS 层的基础上,集中提供包括功能与页面交互等应用与服务

PaaS 层(平台即服务层)
Netflix 打造了自己 PaaS 开源平台 Netflix OSS,集中为业务团队提供统一服务

IaaS 层(应用和服务层)
Netflix 的数据中心和服务器,使用了 AWS 提供的 IaaS 服务

> **案例研究**
>
> Snpa 公司借助增强现实技术进行了转型——巧妙引入新型技术，与应用场景结合，促成了企业的创新发展。
>
> Snap 公司在其聊天软件中广泛使用的增强现实技术，已经萌芽多时，然而，制约其发展的瓶颈是缺少一个日常可随意访问、直观使用的场景界面——客户往往需要购买较为昂贵的硬件设备才可以使用 AR（增强现实）功能，而且往往需要付出较高的学习成本。Snap 公司在 2015 年打破了这一限制，在 Snapchat 中加入了 AR 功能滤镜，将成千上万的智能手机屏幕变成了无数可随意访问、直观使用的 AR 交互界面。通过充分利用精细的面部映射技术及计算机视觉技术，Snapchat 创造出可以旋转和扩展的 3D 动画效果，而客户所需要的，仅仅是打开摄像头。这一巧妙的结合，使 Snapchat 的日活用户数达数亿人。而 Snap 公司在后续的发展中更是紧跟 AR 技术，在推出 Snappables 的 AR 互动游戏、Spectacles 智能眼镜后，更是推出了基于 AR 和云计算的广告，提供虚拟使用服务。凭借对新技术的洞察及其商业战略上的巧妙结合，Snap 公司建立起了一个以 AR 为基础的生态体系。

重构技术管理体系

在企业确定了数字化转型愿景之后，如何推动转型的实现，需要企业所有业务部门的配合。而不管是商业模式、组织运营还是产品服务的转型，这背后最大的支撑力量就是技术体系。面对数字化创造的外部机会，企业要升级自己的 IT 架构，通过支持业务规划、产品服务、客户体验等，使流程更灵活和高效。同时，企业要保持对通用技术的敏锐度，将其与内部的特有业务技术联通，随时将可以为自己带来价值提升的新兴技术内化，以保证技术体系价值的最大化。

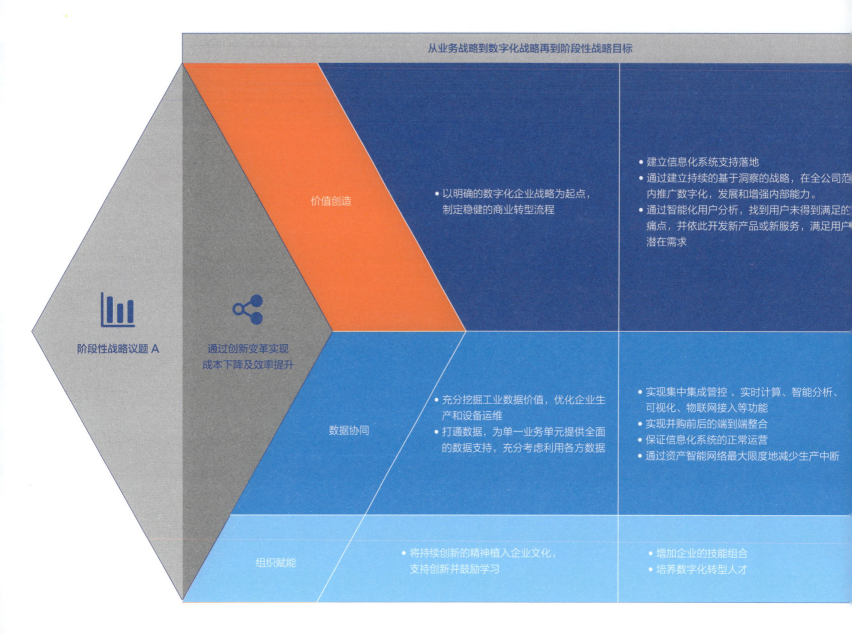

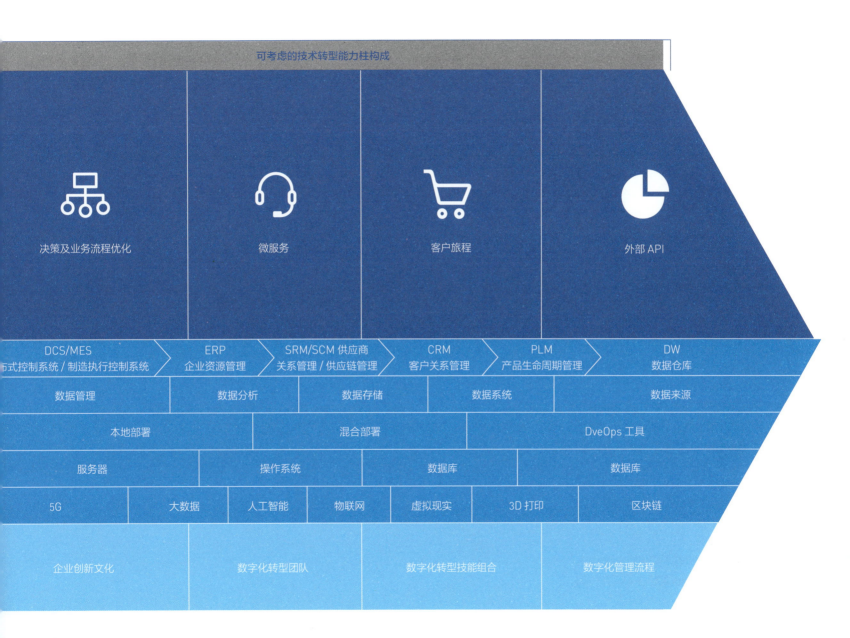

客户价值转型能力柱

价值创造： 找对客户的视角和管理模式，从客户服务切换到客户成功，把产品和服务真正与客户的需求结合起来做集成和优化，以客户为中心进行业务设计。

数据协同： 创造与客户直接接触的机会，收集客户行为，发掘过程数据的商业价值。

组织赋能： 明确客户成功的主管部门，着眼于长期，确保客户生命周期价值的实现。

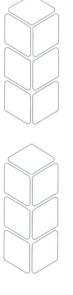

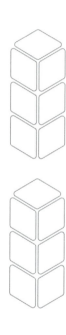

客户价值转型能力柱

管理大师彼得·德鲁克（Peter F. Drucker）曾经说过，企业的根本目标是创造客户。在数字化时代，这句话可以改成：企业的根本目标是创造客户价值，帮助客户成功，即产品能够不断满足客户的需求。

用数字化诱饵吸引客户，创造更多的客户价值

那么，怎么创造客户价值？通过与企业的互动，让客户获得必要的结果，帮助客户成功。这里的互动，不仅仅指"产品或服务"的交付，更是指客户与企业的所有接触点：从最初的营销、销售到决策、购买，再到售后，帮助客户更好地使用产品以实现客户成功。而这带来的最大挑战是收集客户行为，创建消费者过程数据。

数字化客户价值的布局就是要创造与客户直接接触的机会，并且持续地把这种机会变得更多。但是，客户不会无缘无故来到企业布局的每一个触点。怎么办？抛出吸引他们的"诱饵"，并进行数字化引导和转化。这是出于业务上的思考，目的是让客户留下足迹和过程行为数据。由于并不一定需要立即把客户转化，因此今天抛出的诱饵所吸引的客户，在明天就充满了数字化业务的想象空间。所以说，对客户价值的挖掘，一定要坚持"业务 → 数据 → 技术"。没有诱饵，就没有客户的接触和互动；没有接触和互动，就得不到数据；没有数据，技术也就毫无用武之地，更谈不上客户的获取、转化和满意度。

在传统的商业环境里，无论是企业客户还是个人客户，客户旅程都是线性的，遵循发现、产生兴趣、搜索比较、购买、分享这样一个流程。现在，客户旅程已经呈非线性展现。例如，以个人客户A为例。A被"限时折扣"的诱饵吸引，在某品牌的微信公众号完成了对产品的了解（发现），没有经过其他环节，就被"一件也包邮"的另一个诱饵吸引，直接完成了消费（购买）。

由此也能看出，客户旅程并不一定是通过被动归纳、监测来获取的——技术暂时无法全方位覆盖客户的所有行为，而且回溯他们的全部数字行为有可能侵犯隐私。但是，企业完全可以通过各种诱饵、触点组合形成规则，主动建立客户旅程，从而管理甚至控制有价值的客户旅程。在积累了客户行为数据之后展开分析，可以了解客户在哪一刻做的决策，怎么使用产品，又是因何复购或弃用的……

吸引客户的"诱饵"

以客户为核心迭代产品和服务

优秀的企业,并不是简单关注销量,而是会将更大的精力放在复购、续订、使用习惯和满意度等数据上,并基于这些数据的分析结果不断迭代产品和服务,不断为客户创造价值,最终帮助客户成功。

需要特别指出的是,数字化转型中对客户的管理模式正从客户服务模式切换到客户价值模式。最近几年,越来越多的企业尤其是高科技企业设立了客户成功(Customer Success)的相关职位,希望指导客户更好地使用本公司的产品和迅速解决客户在产品使用过程中的问题,甚至把产品和服务真正与客户的业务需求结合起来做集成和优化,使本公司的产品和服务最大化实现客户的价值。

	客户服务	客户成功
业务定位	快速解决客户提出的问题	确保客户生命周期价值的实现
工作方式	着眼于短期,反应式的	着眼于长期,有针对性地规划、主动出击
衡量指标	客户满意度、处理问题的数量等	客户保留、客户生命周期、产品和服务的复购率等
责任中心归属	成本中心,聚焦于运营效率提升,组建专门的负责部门	收入中心,聚焦于生意增长机会,实现跨职能团队协作
主要工作职责	技术支持、知识库	客户体验提升、产品个性化服务设计、新的增长机会的挖掘与把握

产品转型能力柱

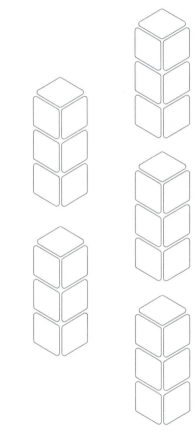

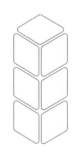

产品转型能力柱

 价值创造： 为产品注入数字化属性，并努力提高自己提供个性化、可持续服务的能力。

 数据协同： 利用数字技术提供更符合用户需求的个性化产品与服务，同时利用客户反馈的数据持续改进产品，以不断满足用户需求，形成以产品为中心的反馈闭环。

 组织赋能： 提升企业在产品与服务的开发、设计、管理、销售及服务等全阶段的数字化能力，并充分考虑其生命周期管理等要素。

数字化时代的产品价值已经呈现出了与工业时代完全不同的特点，闭关修炼的神话已经终结，要想持续获得产品价值的增长，企业必须拥有基于数据和技术与客户进行互动并提供个性化服务的能力。只有培养自己经营数据、提供数字化服务的能力，不断提升除硬件以外的产品价值，才可以在数字化时代立于不败之地。

围绕客户打造数字化体验与服务

伴随着人类商业文明的发展，从最原始的以物易物的"物品"到小规模的手工作坊产品，到蒸汽机轰鸣的工业时代规模化批量生产产品，再到日新月异的互联网产品与服务，产品始终占据着人类商业文明的核心地位。能为不同时代的客户提供最大价值的产品和服务，是企业跨越时代经久不衰的利器。

工业化时代，产品基本以单纯的物理产品的形式存在，产品价值是其传统的交易价值，产品售出，交易完成。产品的所有价值，除了简单的售后服务，即刻实现。因此，谁能以更高的效率、更低廉的成本生产出质量更优的产品，谁就能在工业化时代成为市场领导者。

以大家熟知的福特为例，20 世纪初，福特以生产质优价廉的产品为目的，创造性地开始以流水线方式组装汽车，其生产的 T 型汽车以无可比拟的价格优势打败了市场上的其他竞争者，福特因此一跃成为世界上最大的汽车制造商。

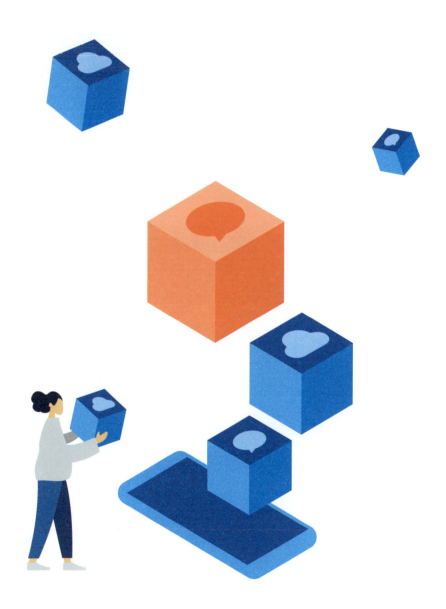

随着社会与经济的发展、科学与技术的飞跃，产品的形态已经不再单一，在数字化时代，企业应该如何追求最大的产品价值呢？要回答这个问题，首先，我们必须对数字化时代的产品进行界定。

数字化时代最具代表性的产品形态包括以下几种。

一次性交易产品： 包括传统的物理产品和服务，客户单次购买，完成与企业的价值交换，是最为传统和基本的产品形态。

数字化增值产品： 产品本身仍是传统产品，但利用数字化渠道进行销售，如利用电商平台销售食品等；或利用数字化手段提供增值服务，如提供在线客服等；或利用数字化手段增加品牌价值，如开设官方微信公众号、微博等社交账户。

数字化产品： 产品本身的形态是数字化的，如线上购买的软件、新闻订阅类 App 或公众号、在流媒体网站购买的影音内容等。

数字化体验与服务： 产品即服务，而服务是基于数字化技术的体验和服务。较具代表性的有 SaaS 模式，供应商将应用软件统一部署在自己的服务器上，客户可以根据自己的实际需求，通过互联网向供应商租用所需的应用软件，按使用量和时间长短向供应商支付费用。

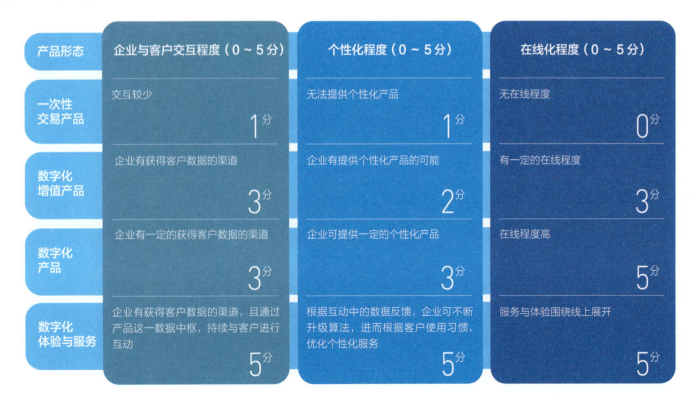

产品形态	企业与客户交互程度（0～5分）	个性化程度（0～5分）	在线化程度（0～5分）
一次性交易产品	交互较少　1分	无法提供个性化产品　1分	无在线程度　0分
数字化增值产品	企业有获得客户数据的渠道　3分	企业有提供个性化产品的可能　2分	有一定的在线程度　3分
数字化产品	企业有一定的获得客户数据的渠道　3分	企业可提供一定的个性化产品　3分	在线程度高　5分
数字化体验与服务	企业有获得客户数据的渠道，且通过产品这一数据中枢，持续与客户进行互动　5分	根据互动中的数据反馈，企业可不断升级算法，进而根据客户使用习惯，优化个性化服务　5分	服务与体验围绕线上展开　5分

在数字化时代,企业应该着力围绕客户价值去打造产品和服务定位,并以此作为企业整个商业模式的价值管理定位,驱动组织能力的变革。

> 📁 **案例研究**
>
> 以汽车行业为例,在福特成为世界上最大的汽车制造商百年以后,特斯拉横空出世,打破了汽车行业的生态格局,而作为破局者,特斯拉最大的不同,是它提供的数字化服务。
>
> 长久以来,汽车行业追求的是高速度的引擎、高质量的性能与高规格的安全性。而随着特斯拉的入场,汽车行业的竞争重点开始转移。特斯拉CEO埃隆·马斯克(Elon Musk)曾说:"特斯拉在很大程度上可以被看作一家硅谷软件企业。我们认为汽车软件的更新和您的手机、笔记本电脑的更新性质一样。"特斯拉不像传统汽车企业讨论某某年生产的某某车型,他们更关注软件版本的升级,以及软件带给客户的个性化体验和服务。
>
> 进入数字化时代后,客户同样经历着技术飞跃的轰炸,面对日新月异的技术和接踵而至的新产品,"一成不变""千人一面"的产品无法再满足客户的需求,他们不但希望可以得到符合自己预期的产品,还希望能参与到上游的设计与决策中,得到符合自己使用习惯、体现自己个性的服务与体验。
>
> 特斯拉使这样的构想成为现实。遍布全球的特斯拉车主,通过软件升级就可以迅速获得新的性能提升与服务体验的改善。2015年,特斯拉就将其最新研发的Autopilot自动驾驶辅助功能,通过软件更新,安装在汽车上,这一过程只需短短数小时而已。对比传统的汽车消费,客户是无法免费获得这样的服务的。而特斯拉提供个性化服务的能力更是令传统汽车企业无法望其项背,特斯拉在云端为车主建立档案,记录他们的驾驶习惯和偏好,使他们在进入车内时就能享受最舒服的驾驶状态。这种提供个性化服务的能力,使特斯拉与其他汽车企业区隔开来,成为汽车行业未来的领导者。

数据成为产品成功的决定性因素

企业如何为客户提供符合数字化时代特征的服务呢？这与其利用技术手段经营数据的能力密不可分。

在数字化时代，产品已经成为数据的来源，大量的数据从产品中来，成为企业核心数字资产的一部分，经过加工后重新回到产品中去。在这一持续互动中，企业利用数字化能力为客户推出更加个人化的产品和服务，而客户的持续使用是企业获得大量数据的固定来源，客户—产品—数据—算法—产品—客户，形成了管理闭环，持续提升价值。

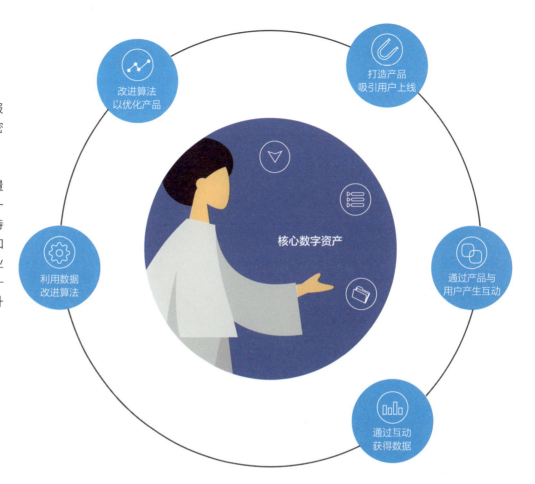

案例研究

茶饮新零售代表喜茶，就是一个挖掘了产品数据价值的成功案例。

2018年，喜茶上线了"喜茶Go"小程序，这款小程序不仅仅是一个线上购买渠道，更是一个深度贯穿企业的数字化引擎。小程序以微信下拉菜单为入口，在初期获得了很多客户增量，而有了客户数据之后，企业利用内部数据管理系统分析数据，反馈给供应链上下游。以产品研发来说，喜茶可根据大量客户的购买数据，迅速研究客户的购买偏好与心理，以研发更多符合客户口味的新产品；以库存管理来说，喜茶可根据客户的购买数据快速做出原材料采购分配，提升效率。而喜茶同样注重与客户的持续互动，通过打造"星球会员"等线上会员体系，增加用户黏性，刺激复购。利用产品这一数据接触点，获取数据，经营数据，喜茶Go在10个月之内积累了1300万客户，复购率达到40%以上。2020年，在D轮融资之后，喜茶估值或超过160亿元人民币。

人才转型能力柱

价值创造： 充分发挥知识工作者主观能动性的自主管理、创新管理将取代传统的组织管控模式，成为组织和人才价值创造的核心议题。

数据协同： 深度挖掘组织经营数据及人员活动数据，通过高效的协作平台、智能和协作系统，打造完善的人才发展网络。

组织赋能： 更懂业务的 HR 管理人员以及更懂 HR 的业务专业人员，共同为员工的创造力赋能。

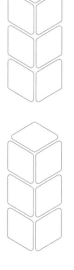

人才转型能力柱

人类社会的每一次技术进步，都会开启一个新的时代，企业的组织形态、功能和边界也因此发生变革。近年来很多人用 VUCA 来总结当前时代的特征，它形象地描述了我们生活的世界：**易变性**（Volatility）、**不确定性**（Uncertainty）、**复杂性**（Complexity）、**模糊性**（Ambiguity）。数据计算能力的爆发和基于数据的机器学习，让人工智能技术空前飞跃，今天的"知识工作者"所从事的工作正在被重新定义。充分发挥知识工作者主观能动性的自主管理、创新管理将取代传统的组织管控模式，成为组织和人才价值创造的核心议题。因为知识产生和运用的不同机制而发生的组织管理变革，在近现代有三个典型的阶段。

第一阶段是工业革命，知识被运用于工具创新，人从繁重的体力劳动中得到解放。
第二阶段是生产力革命，知识被运用于人的工作行为和方式，人的生产和工作效率大幅提升。
第三阶段是管理革命，知识被运用于知识本身，信息与知识的管理效率不断提升，知识成为占据主导地位的生产要素。

目前，知识产生和运用的机制再次发生改变，结构化的知识正不断被人工智能取代，组织变革的第四次革命已经到来，我们可以称之为创新革命。

只有创造力无可替代

其实，每次技术变革，人类都能从体力劳动中解放出来，一步一步向专业类、技术类或管理类岗位迈进，但在创新革命这个阶段有所不同，未来这些岗位中的很大一部分都有可能会被机器吞噬掉。

富士康 2018 年宣布投入 3.4 亿美元用于人工智能的应用研发，以期实现工厂生产自动化，计划 5 年内用机器人取代八成以上的工人。创新工场 CEO 李开复在其著作《AI·未来》中曾指出，40%~50% 的岗位将会被人工智能和自动化取代。这些岗位主要是机械的、重复的、可结构化的脑力劳动，甚至一些复杂的数据分析工作也包括在内。

虽然一些岗位会消失，但这并不意味着人类的工作机会必然减少。一个基本的共识是，机器无法取代人类的创造力——对技术的创新、对商业的洞察、对客户的感知和对艺术的探索等，都离不开创造力。因此，当创造力成为最重要、最稀缺、最具竞争力的生产要素时，创新型组织变革就迫在眉睫。

基于信息实时分析和分享的自组织转型可以最大化发挥人才和组织的价值

有一则关于路网规划的研究给出了一个很有意思的结论：交通环岛的通行效率比传统红绿灯路口的要高出 18%。主要的原因在于环岛通行无须等待外部管控指令（红绿灯切换），进入环岛的司机在自主管理的基础上参与协同合作（礼让）和有序分工（内环绕，外环出）。

如果把环岛理论应用于企业组织管理会产生相似的增益效果吗？很多优秀企业的探索和尝试已经交出了满意的答卷，我们把应用了这种自主管理模式的组织叫作自组织，自组织的典型特质如下：

第一，清晰的目标管理。类似于进入环岛的司机，每个人的目的地都非常清晰，在执行过程中也无须过多的沟通。

第二，简单易懂的规则。正如环岛的让行规则放之四海皆准一般，自组织的管理规则在企业之间、BU（Business Unit，业务线）内部和跨职能上都高度一致，自组织也更容易实现敏捷，简单的规则也减少了组织摩擦和降低了沟通成本。

第三，易操作的组织协同。环岛中的协同并不会导致自身目标改变、停止和效率降低，自组织也是一样，组织中的每个员工在充分发挥能动性的同时，也在为组织中的其他人创造条件，真正实现"人人为我，我为人人"。

第四，充分的组织授权。在议事规则、协作原则和自主决策科学高效的前提下，自上而下的红绿灯管控完全变成了负价值。

第五，及时的奖惩机制。充分授权带来的一个必然结果是，在绝大多数自我管理贡献者之外，必然隐藏着少数的规则破坏者。通过行为数据分析，准确及时地识别规则破坏者并给予惩处是避免自组织内部崩坏的必要保障机制。

创新文化、组织敏捷、基于目标的绩效管理（OKR）等组织管理手段，都是数字化时代企业深度挖掘组织行为数据、灵活应用上述规则的典型管理实践。

以某一位客服的 OKR 为例

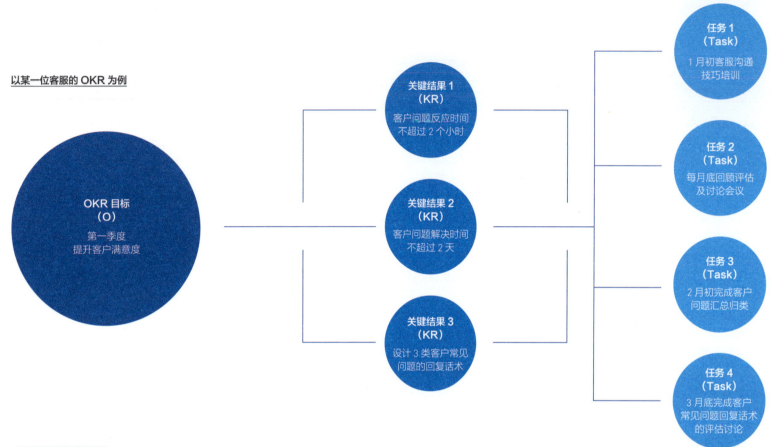

 案例研究

由英特尔公司发明，被引入谷歌之后发扬光大的 OKR（Objectives & Key Results，目标与关键成果法）就是目前创新型组织最常用的组织价值协同工具。OKR 重视信息分享，通过共同明确阶段性的目标来推进项目执行进度，并通过可量化的数据进行实时衡量、评估和监控创新，不仅能降低沟通成本，即使远程办公也能保证团队聚焦在同一个工作目标上，而且还能对组织的资源进行全局、动态、合理的调配，最终确保组织的长期目标得以实现。

字节跳动公司是国内最早践行 OKR 管理的企业之一，在内部，传统的层级全部淡化，所有成员的 OKR 完全实现透明、共创和动态调整。任何一位员工都可以查看创始人兼 CEO 张一鸣的 OKR；只要某一位员工修改了自己的某项 OKR，与此项目关联的同事都会立刻收到系统通知，从而及时对自己的目标同步做出调整，实现团队成员共同对齐目标，方便管理业务进度和进行协同。

工业时代的传统管理型组织和数字化时代的创新型组织有何不同？

	传统管理型组织	创新型组织
组织架构	金字塔型或矩阵型，层级分明	层级淡化，网状或轴辐射式组织架构
领导者	注重对员工的管理和控制，让员工按要求开展工作	注重对员工的支持，帮助员工消除阻碍工作创新的不利因素
员工	被动激励，劳动报酬是最主要的驱动力	自我激励，成就感和社会价值是最主要的驱动力
决策	向上逐级汇报，上层决策，再向下分解	实时同步，指标实时协同调整
资源分配与规划	统一规划，逐层分解	按需取用，弹性分配
内部协作	详细定义部门与岗位职责，各自为政，协作需要通过上级	基于协同创新平台形成自组织，透明、共享、一致迭代
信息传递	各部门单独收集和传达，由下至上收集，由上至下传达	对外和对内的信息沟通均可以实现实时同步
价值导向	效益驱动	创新驱动
风险偏好	避免犯错；对信息和数据保守，并且控制导向	追求迭代速度、创新效率，容错能力强，不犯错才是最大的风险

打造创新型组织为员工的创造力赋能

创新型组织与传统管理型组织，最大的不同就是赋能，这也是数字化时代的组织价值所在，即创新者通过平台联网实现连接、协同和共生，聚合产生组织的创造力，进而推动企业实现转型、升级或者增长。为员工的创造力赋能，有两个相辅相成的基本原则需要遵循。

第一，给员工的挑战，要和他们的兴趣相匹配，才能真正激发创造力。 过去命令式安排任务的管理方法已经不再适用，激发员工的兴趣才能驱动他们主动创造。这也就意味着，组织的功能不再是分派工作和监督进展，而是让员工的专业、志趣和客户希望解决的问题进行有效匹配。当公司不再是员工"不得不来上班"的场所，而是他们乐意主动来创造价值的地方，那么很多奇迹就会发生。例如，小米生态圈的成功就得益于人才的汇聚。小米吸引了很多来自微软、谷歌等国际顶级科技企业的优秀工程师，但薪酬并非他们加入这家公司的关键要素，可以创造全新体验的产品、通过产品让人们享受科技的乐趣，才是这些人才加入小米的原因。员工的创造力，使小米成功打造了自己的生态圈，屡创奇迹。

第二，打造开放的文化、环境和平台，为员工的高效互动和共同创造提供便利。 虽然算法的进步大大提升了人才招聘、测评和盘点的效率，甚至实现了对员工的胜任力进行预测，并以此作为评定员工绩效表现的依据，但这还远远不足以应对组织在数字化时代面临的管理挑战。实际上，今天以 Z 世代为代表的创新型员工已经不再满足于物质激励，也不再受限于传统的指标管理，他们更关心的是自己的创造力能带来哪些改变，而又有什么样的平台能够帮助他们最大化自身价值。

卓越的创新型组织不仅拥有鲜明的文化特征和包容的环境氛围，同时还拥有高效协作的技术（基于数据）平台，能够让员工最大限度地发挥自己的创造力。Facebook 推崇的极客文化，LinkedIn 追求的数据驱动增长，阿里巴巴坚持的"让天下没有难做的生意"这一使命，海尔开创的人单合一模式……这些企业不断刺激员工与员工之间互动甚至鼓励跨部门、跨业务交流，进而使整个组织形成创造和创新的合力。

01-3

数字化转型三大主题

虽然数字化时代的到来打破并重构了企业间的竞争关系和竞争格局,但核心的竞争形态仍然和迈克尔·波特(Michael E. Porter)提出的三大竞争战略所描述的高度类似。

数字化转型为企业创造更强大的竞争优势

对于企业如何在激烈的市场竞争中保持优势地位，美国哈佛商学院著名的战略管理学家迈克尔·波特总结了三大经典竞争战略。这三大竞争战略并非互不兼容，相反，领先的企业往往能够在拥有一个主导的竞争优势基础上，再形成第二个次级竞争优势。

总成本领先战略（Overall Cost Leadership），并非低价战略，而是指企业通过有效途径把研发、生产、销售、服务等各领域成本总体降低到最低限度，甚至成为同行中的最低成本，从而获得竞争优势。

例如，娃哈哈集团持续取得成功的关键原因，就是在企业价值链基本活动（配送、渠道、市场推广等）和支持性活动（财务、人力、行政等）上都始终坚持总成本领先战略。

- 配送：采取"销地产"战略，即直接在每个产品的主要销售区域开设分厂，就地就近生产。
- 渠道：加强渠道控制，实行以经销商为中心的"联销体"政策，打造"总部—经销商—二批商—零售终端"销售网络，培养大量资金实力雄厚、覆盖广袤、配送强大的经销商群体。
- 市场推广：绕开广告代理商，直接与各大电视台广告部签订广告合同。
- 财务、人力、行政等管理：强化成本控制和各项采购管理。例如，大宗原材料全部由集团统一集中采购以最大限度拿到最优惠价格。

差异化战略（Differentiation），是指企业提供的创新产品和服务在同行中独具特色，这种特色能产生溢价。如果溢出的价格，超过因这种特色所增加的成本，那么企业会因为拥有这种差异化而形成竞争优势。差异化战略就是在产品或服务的特性上做到与众不同。

例如，大众汽车在汽车厂家追求"大"的年代，推出经典车型甲壳虫，以差异化的"小"打入美国市场，一度成为销量冠军。再如，百年工业自动化领域巨头西门子，在与一众工业企业厮杀过程中，通过一系列转型，提供差异化的软件服务，在今天仍保持着自己行业巨头的地位。

聚焦战略（Focus），是指企业的经营活动致力于围绕某一特定的客户群体、某一产品种类或某一特定地理区域展开，通过提供比同行更好、更专业的产品和服务而获得竞争优势。专注于特定的领域，专注于产品和服务，才能透彻了解产品的生命周期和对客户的服务周期，从而在全周期的每一个环节、每一个细节中发现巨大商机。

例如，格力集团专注于空调产品，并没有像其他家电企业一样"四面开花"，通过核心的空调技术，不断为消费者提供最好的产品，成为全球空调行业当之无愧的领军企业；长城汽车专注于SUV研发与生产，在成功推出被誉为"国民神车"的哈弗品牌之后，又发布了高端SUV品牌WEY，如今成为营收破千亿元、利润超百亿元的全球车企。

在数字化转型的浪潮中，有破浪者，也有落水者。只有率先实现数字化转型的企业，才会具备更强大的竞争优势和组织能力的护城河。现在，通过数字化魔方，我们可以全局掌握数字化转型如何增强企业竞争优势的秘密。

通过数字化魔方俯瞰企业竞争战略

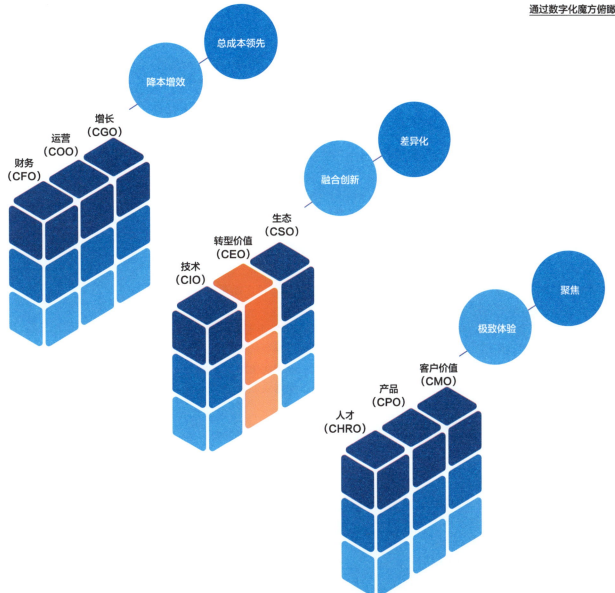

数字化转型主题一：降本增效

降低成本、提升效率是大多数企业进行数字化转型的原动力。通过人与机器的重新分工、协作，推动企业内部数据和外部数据的积累、互联和分析，将业务流程自动化、专业工作智能化，大幅减少非必需的低效率事务，优化效率，从而实现降本增效。

落实到数字化魔方中，降本增效这一数字化转型主题主要集中在增长价值、运营价值和财务价值三大转型能力柱所构成的体系。 这也意味着CGO（首席增长官）、COO（首席运营官）和CFO（首席财务官）的管理活动将对降本增效起着极其关键的主导影响作用。

隶属于全球服装零售巨头 Inditex 集团的快时尚鼻祖 ZARA，为集团贡献了近 70% 的营收和利润，以新品上线快、款式设计多而著称。成功的背后，是其高度协同的供应链管理所形成的总成本领先优势，而得益于数字化技术的应用，这一竞争优势还在持续增强。

- 供应链一体化，高度集成设计、采购、生产、物流、分销和门店零售，降低成本。
- 数据平台提供市场趋势、销售状况和库存数据分析，数百名设计师集中研发新品。
- 就近采购以缩短采购周期，60% 的供应商靠近欧洲总部；就近生产以快速动态调整生产计划与市场趋势相匹配，采用 FMS（Flexible Manufacturing System，柔性制造系统）和 JIT（Just In Time，准时制生产）。
- 自动化管理软件系统。
- 自建物流配送中心，使其与门店信息互联，通过数据算法优化配送路径，实现运输成本最优。
- 通过财务分析持续投资和收编有助于提升供应链响应速度和灵活性的技术和团队。

ZARA 很早就实行"基于核心数字资产的运营"，即产品正式推出前的销售预测、采购、生产、推广、配送、库存、补货、促销、结款等所有环节基于数据平台实时协同，生产运营全部通过及时准确的销售数据随时调整，进而驱动可持续的增长。从设计、打版、制作到全球门店上架，ZARA 只需要花两周时间。同时，每一件商品销售时的门店、时段、售价、类别、款式、客户反应等全部数据都被记录和经过自动化程序分析，再迅速反馈到供应链。所以，一方面，ZARA 的供应链不仅能紧紧跟随突然出现的新流行趋势，也能因为某款产品销售不佳而马上停止生产实现库存控制；另一方面，如果竞争对手试图降低价格，ZARA 同样能通过降得更低来进行还击，并且还能保持盈利。

数字化转型主题二：融合创新

在数字化时代，企业无论是希望推动主营业务的模式、流程发生根本性变革或是通过收购新技术和新业务来修正原先的核心价值主张，还是对原有业务进行局部改造来强化原先的核心价值主张，融合创新都是贯穿始终并增强差异化竞争优势的关键。

反映到数字化魔方中，融合创新这一数字化转型主题主要集中在转型价值轴与生态转型、技术转型能力柱所构成的体系上。这意味着CEO（首席执行官）、CSO（首席战略官）和CIO（首席信息官）将主导企业的融合创新主题，进而为差异化竞争优势赋能。

西门子作为老牌工业巨头，在数字化转型的浪潮中表现依然优异，顺利完成了从自动化生产冠军到工业软件平台龙头的过渡。2018年，西门子将"数字化工业"与"天然气与发电""智能基础设施"并列，作为三大主要业务运营。而数字化业务也成为西门子利润率最高、增速最快的业务。这一过程与西门子重视技术与生态，驱动融合创新的决策体系密不可分。

通过企业决策者主导的自上而下的变革、生态的建设、技术的内化，西门子实现差异化竞争，走出了一条属于自己的数字化转型道路。

西门子的数字化之旅

数字化转型主题三：极致体验

聚焦所形成的竞争优势，最直接的结果就是客户能够获得最好的产品和服务。如今，绝大多数客户都已转变成为数字化客户——就算是实体消费，也会使用手机对某个品牌进行在线"研究"，如口碑如何、性价比高低等，消费完成后还可能会分享自己的体验。在数字化时代，谁能运用技术为客户提供超出预期的产品和体验，谁就能赢得更多客户。

更重要的是，除了客户体验，员工体验也尤其重要。畅销书作家、演讲家雅各布·摩根（Jacob Morgan）在其著作《员工体验的优势》（Employee Experience Advantage）中的研究显示，和缺乏员工体验的企业相比，善于投资员工体验的企业，平均收入多了 2.1 倍，平均利润多了 4.4 倍。因此，员工体验的好坏，在很大程度上也能对客户体验的好坏产生影响。

具体到数字化魔方中，极致体验这一数字化转型主题则主要集中在客户价值、产品价值和人才价值三大转型能力柱所构成的体系。 这也意味着 CMO（首席营销官）、CPO（首席产品官）和 CHRO（首席人才官）是极致体验的主要推手。

Costco 是聚焦精选模式的会员制零售商，为客户提供极致的选品、极致的低价和服务，收获极致的口碑。但这仅仅是 Costco 打造极致体验的"冰山一角"，在客户体验之下是极致的员工体验。Costco 遵循"极致的员工体验 → 高员工忠诚度 → 极致的产品和服务 → 极致的客户体验"这一简单逻辑。也就是说，要让客户满意，首先让员工满意，因为满意的员工才能创造客户的满意。

Costco 创造的极致体验：极致的员工体验带来极致的客户体验

极致的客户体验

极致的选品
- 大数据分析客户消费偏好，买手在全球各地只选中高端品牌，从而保证质量
- 打造自营品牌，推出 Kirkland Signature 品牌
- 活跃 SKU 只有 3800 个每个细分品牌只有 2～3 种选择，降低客户选择成本

极致的低价
- 销量大，总 SKU 低，单个 SKU 采购量高，议价能力强
- 商品平均毛利 7%，大于 14% 必须上报 CEO 批准
- 库存周转天数低至 30 天

极致的服务
- 以客户为中心，为会员群体提供不同的各类服务，如轮胎、油、打印等
- 提供最宽松的退换政策
- 大量的随便试吃活动

极致的口碑
- 超高的忠诚度，全球平均会员续费率 88%
- 只凭口碑营销，会员增速保持在 7%~8%

极致的员工体验

薪资福利

行业最高的薪水，平均 22 美元 / 小时，约是行业平均时薪的 2 倍

股票和期权奖励

医疗保险、牙科保险（部分兼职员工也能获得）

宽松的假期制度，年假 2 周起步，最长 5 周

员工管理

提供高效协同的办公平台和工具

降低重复的无用功，审批流程精简，简单的决策直接交给一线管理者

注重员工的进步速度，而非固定的业绩指标

无条件信任员工

数字化转型主题的合纵连横

我们用魔方对企业的数字化转型进行了全面解构，但这并不表示某一数字化转型主题只能由固定的角色来主导，或者企业只需要具备某几种单独的组织能力。实际上，根据数字化愿景和规划，在某一数字化转型主题下，其他转型价值能力柱也同样能发挥对应的作用，而这才是数字化魔方合纵连横的精髓所在。更重要的是，**数字化转型主题之间并非泾渭分明，而是相互作用、相互促进的，最终必然会出现从点到面、全面开花的态势。**

全球领先的机械设备制造商约翰迪尔的转型是从技术价值这个"点"出发的，通过对物联网这一技术领域的提前投资，升级自己的产品体系，带动产销价值链的变化，从而实现企业整体的数字化升级，获得降本增效这一魔方"面"的成功。

同样，我们熟悉的星巴克，其数字化转型之旅是从客户价值这个"点"出发的，通过对新型社交媒体的探索及"专星送""啡快"等试点数字化产品的推进，在极致体验这一魔方"面"的数字化转型取得了阶段性成功。同时，通过与阿里巴巴集团达成战略合作拓展新的零售生态。星巴克的数字化转型已进入全面开花的阶段，朝着积极的全局式转型前进。

基于供应链生态和技术生态的长期投入和搭建，海底捞 2018 年 10 月在北京率先创新推出智慧门店，采用 IKMS（厨房综合管理系统）统一管控整个智慧厨房，并且联动前厅下单（点餐系统、餐桌管理）与后厨供应（千人千味定制锅底、自动化智能菜品库与酒水库、人工操作间）。通过数字化技术的应用，不仅使原有的极致服务得到了夯实，而且通过智慧门店的布局和运营，强化了海底捞与众不同的融合创新，进一步拓宽了组织能力护城河，令其他竞争对手望尘莫及。

这些从点到面、全面开花的企业数字化转型案例数不胜数。总而言之，面对数字化转型之旅的复杂性与长期性，企业领导者可以根据当前现状，利用数字化魔方找到合适的切入点，无论是小步迭代、循序渐进，还是快步奔跑、多管齐下，数字化魔方这一转型解决之道总能准确提供企业组织能力的全景视图。那么，如何用数字化魔方评估企业当前的数字化成熟度？如何找到从点到面、全面开花的转型路径？答案将在接下来的第 2 章和第 3 章中全面揭晓。

海底捞智慧餐厅：极致体验 + 融合创新

预约与等位
- 可通过海底捞 App 或官方微信公众号线上预约和排位
- 门店等位区采用阶梯式观影设计，等位时可以进行社交互动

用餐

环境
- 用餐大厅拥有 360 度全屋环绕式立体投影

点菜
- 千人千味定制锅底，增加趣味性
- 通过大数据分析对锅底口味这一核心产品的再设计提供关键输入

上菜
- 采用激光雷达感应的传菜机器人，360 度激光扫描灵活避障，根据输入的桌号准确送至桌位

后厨
- 所有库存总量清晰记录，包括每种食材库存在途和库存量、保质期等
- 全自动化供应菜品和酒水
- 机械手自动完成菜品入库、传菜，每份菜品托盘配备 RFID 芯片"身份证"，从而实时监控菜品保质期
- 下单后，酒水库接受指令，机械手抓取相应的饮料出库，生产日期在前的酒水将自动先销售

买单
- 会员积分当钱花
- 快速结账和发票管理

玩转

DIGITAL CUBE

数字化魔方，不是复原，
而是创造一个崭新的世界。

——每个企业都有自己的数字化魔方——

在第2章，我们将使用数字化魔方对阿里巴巴从无到有、从有到好、从好到强的发展过程，进行全新解读。同时，我们通过美的、链家贝壳找房和中国铁路12306这三个案例来分别讲述"降本增效""融合创新"和"极致体验"这三大数字化转型典型主题。

阿里巴巴的演变

**极速转动、面面俱到的
数字化转型**

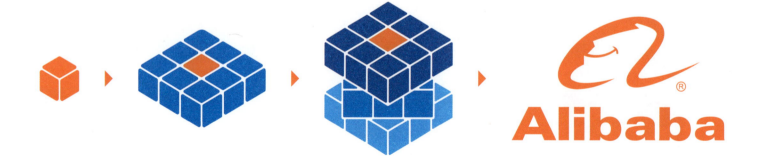

多点触发，独当一面的
数字化转型

美的

降本增效
财务转型触发
增长转型设计
运营转型实现

链家贝壳找房

融合创新
价值主张设计
技术转型实现
生态转型发展

中国铁路 12306

极致体验
客户价值触发
产品转型实现
人才价值转型

71　　DIGITAL CUBE

02-1

阿里巴巴：全面开花的数字化进程

时至今日，阿里巴巴的商业帝国已经高度成熟，所提供的服务和产品已渗入人们生活中的各个环节，如用支付宝付钱、用余额宝存钱、用淘宝购物、用饿了么点外卖、用优酷看视频……同样，无数企业的业务也与阿里巴巴息息相关，在阿里巴巴生态体系里孵育和成长，如大量商家使用着阿里云的云服务、阿里妈妈的营销服务、蚂蚁金服的信贷服务、菜鸟网络的物流服务……这样一个四通八达、全面开花的数字化帝国不仅改变了你我的生活，也画下了中国商业发展史上最浓墨重彩的一笔。

02-1-1

阿里巴巴的数字化进程

作为一家原生的数字化企业，阿里巴巴的数字化进程有着先天优势。从最初的电子商务公司到成为在线零售商业基础设施，再到如今的数字经济体，阿里巴巴并非一蹴而就。正如数字化魔方所揭示的一样，企业的数字化转型是一个由点到线、由线到面、由面到体的过程。而阿里巴巴的数字化进程，正是企业追求数字化转型成功的最佳示范。

阿里巴巴大事记

时间	1999年成立	2001年	2003年	2004年	2006年	2007年	2008年	2009年	2010年
愿景	一家服务中国小型出口企业的电子商务公司					孕育开放、协同、繁荣的电子商务生态圈			
产品		黄金供应商		支付宝 旺旺			淘宝客	阿里妈妈 产品直通车	阿基米德 API
事件		使命和价值观形成			CSO 新设总参谋长	电子商务生态系统		云计算 双十一	互联网时代 全新商业文明 合伙人制度
业务			淘宝（电子商务）	支付宝（支付业务）		阿里妈妈（营销）	天猫（B2C电子商务）	阿里云（云业务）	全球速卖通（跨境电子商务）

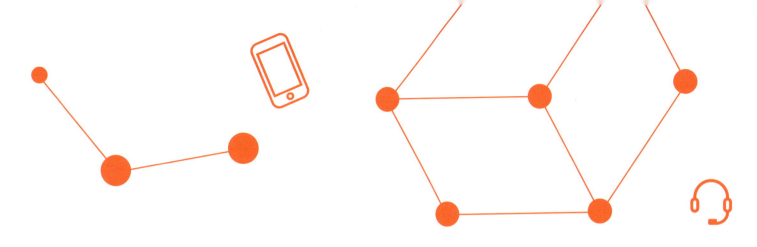

2011年	2012年	2013年	2014年	2015年	2016年	2017年	2018年	2019年成立20周年
构建未来的商务生态系统				"五新"战略 互联网经济体				面向未来的商业基础设施 "数字化经济体" 服务全世界20亿消费者，帮助1000万家中小企业盈利以及创造1亿就业机会
	Anoe 统一基础平台	猜你喜欢		网红品牌	客服机器人小蜜 淘宝直播 视频内容	鲁班设计		
数据价值	创新C2B模式	CDO 首席数据官	数据时代概念 全球化农村战略 大数据 在美国上市	淘宝 千人千面	3万亿世界最大零售体 eWTP	达摩院		在中国香港上市
	菜鸟网络（物流服务）	高德地图 微博（出行&社交）	蚂蚁金服（互联网金融） UC（内容） 飞猪（旅游）	优酷（内容） 口碑（社交）	盒马（新零售） Lazada（新零售） 大文娱（娱乐内容）		饿了么（外卖）	考拉（跨境电商） 客如云（软件服务）

阿里巴巴数字化魔方演变图

"让天下没有难做的生意"   "All in 无线"

1999   **2003**   **2009**   **2013**

一个企业的诞生   芝麻开门的咒语：免费   "十八罗汉"集体辞职，归零再   双十一，中国人自己的消费狂欢节
        支付宝和阿里旺旺——智能商业引擎   出发   All in 无线后的跨越式增长
        盈利，只是时间问题   增长背后——阿里云与菜鸟网络

"从 IT 到 DT"

2015
大中台、小前台
财务，为业务而变

2017
数据是未来的终极能源

2020
面向未来的商业基础设施平台

02-1-2

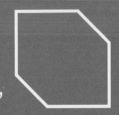

"让天下没有难做的生意"

1999 ~ 2009 年,从阿里巴巴成立到淘宝盈利

一个企业的诞生

1999 年，马云成立了阿里巴巴。

彼时，互联网刚刚走进中国，外贸进出口是最有希望的朝阳产业，改革开放 20 年的中国诞生了无数中小企业，在满足了当地市场的吃穿用度后，它们嗅到了巨大的商机。然而，偌大的互联网还没有中国企业的身影，如何帮助中国数不胜数的中小企业更好地利用互联网做生意，成了马云率领的"十八罗汉"要实现的梦想。

拿到了软银投资之后，阿里巴巴开始了疯狂扩张，虽然在 2000 年互联网寒冬时第一次感受到了危机，但依靠着中小企业的巨大贸易需求和免费的 B2B 平台模式，阿里巴巴吸引了百万量级的中小企业来到平台上做生意，从而也顺利度过危机并且兑现了自己的承诺——帮助中小企业更好地做生意。

2003 年，阿里巴巴推出了淘宝，又让更多的个人、中小商家从此步入 24 小时不打烊的数字化时代。

阿里巴巴：
免费 B2B 平台

诚信通：
为商家提供
第三方信用
认证服务

中国供应商：
为中小企业提供
海外流量入口

数据的重视：
在创业初期，阿里巴巴就使用了自己开发的 CRM，并且要求销售团队严格详细记录客户拜访、购买、回溯等数据

DIGITAL CUBE

阿里巴巴的转型价值轴

从未动摇的核心价值主张

早在创立阿里巴巴之前,马云就已加入原外经贸部下属的中国国际电子商务中心,协助中国企业发展电子商务,那时候的他就坚定不移地认为,电子商务应该支援中小企业、私有经济。1999年2月26日,"十八罗汉"凑了50万元在杭州创立阿里巴巴,确定要做开放的、属于中小企业的电子商务服务,立下了"让天下没有难做的生意"这一使命,至今从未变过。

不懂技术并不意味着不能使用技术

基于互联网技术必将带来变革这一深刻的认知,阿里巴巴从成立第一天起,就决定要用技术帮助中小企业更容易地做生意。今天,回过头再去看和阿里巴巴同时期成立的那一批互联网公司,各家创始人几乎都是技术出身或者拥有技术背景,只有阿里巴巴的马云是个例外。实际上,包括马云和其他创始人在内的阿里巴巴管理层,向来不干涉技术部门使用什么技术,他们更关心做出来的产品对于客户来说是不是好用、够不够简单。因此,技术为业务服务,技术支撑业务发展,在此后很长一段时间内成为阿里巴巴技术能力发展的主体思路。

坚定不移的组织文化让阿里巴巴走到今天

成立之时,阿里巴巴立下"让天下没有难做的生意"这一使命,随之而确立的愿景和价值观,与使命一道构筑起坚定不移的文化基础,奠定了此后阿里巴巴所有的业务创新、技术抉择和增长逻辑。直到现在,对员工的价值观考察一直是阿里巴巴组织管理的重头戏。上至CXO级别的高管,下至普通员工,不乏因价值观"未达标"而黯然离职的案例,有的甚至引起过大范围的舆论质疑,但阿里巴巴依旧初心不变,如实地坚持着这些价值观,而这些价值观也反过来指引着阿里巴巴不断向使命和愿景前行。

我认为,统一的价值观、使命感,还有共同的目标,是让阿里巴巴走到今天的重要原因。

——马云,2007年媒体访谈

芝麻开门的咒语：免费

"在淘宝宣布继续免费后，eBay 就在美国发出公告，称淘宝网宣布在未来 3 年内不能对其产品收费，充分说明了 eBay 在中国业务发展的强劲态势，并称'免费'不是一种商业模式。"这是 2005 年《东方早报》上的一段话。当时阿里巴巴宣布再次对淘宝追加投资，并表示在未来三年内不会对淘宝这一产品收费，于是作为淘宝当时最大的竞争对手，eBay 发出了这样的声明。

那时候，eBay 占据了中国 C2C 市场 90% 的份额，淘宝宣布免费，与其迂回竞争，并最终取胜。互联网是有记忆的，今天，我们无意讨论孰是孰非，但是我们不得不赞叹阿里巴巴的远见——免费，必将吸引更多卖家与买家，进入的门槛降低了，势必就带来了开放，带来了更繁荣的 C2C 电子商务市场。

免费，是一种具有互联网基因的商业模式。数字化时代的思维，并不强调短期的收入，而是强调为用户赋能，降低准入门槛，进而扩大用户规模。而这种思维模式，在阿里巴巴发展初期，就根植于其基因之中。

支付宝和阿里旺旺——智能商业引擎

互联网在中国发展至今，不管是共享经济浪潮中的短租、出行等业务模式，还是互联网金融，多多少少还都面临着信用缺失这一问题。在电子商务刚刚兴起之时，更是如此，如果想要获得发展，这个问题就必须得到解决。支付宝在这样的背景下诞生了。借助网络协同与数据联通，通过支付宝的担保交易功能，买家与卖家之间的信任关系被建立，交易得以更顺利地开展。

在信用之外，如何为用户提供更好的体验也是淘宝致力解决的问题。传统的电子商务平台是禁止用户与商家直接交流的，这主要为了避免产生买卖双方不使用其平台而直接达成交易的现象。当时的 eBay 就秉持这样的原则，但阿里巴巴逆其道而行之，他们鼓励买家与卖家交流。平台本来就是免费的，买卖双方直接交流更能促成交易的达成，于是阿里旺旺作为一款聊天工具出现了，它不仅提供了最基本的客服功能，还可以让买卖双方讨价还价。

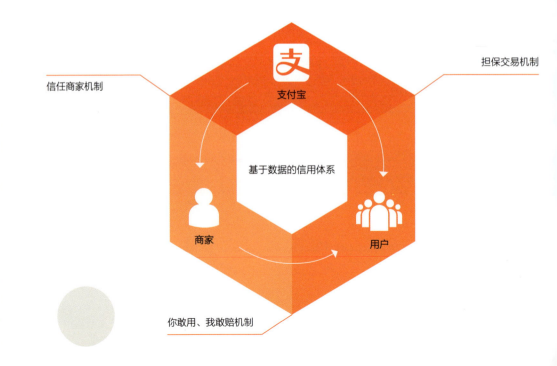

阿里巴巴的产品转型能力柱

价值创造：一张由产品组成的协同网络

面对数字化转型，无数传统企业头疼如何赋予自己的产品数字化价值。作为原生的互联网企业，阿里巴巴没有这样的烦恼，其提供的产品本身就具有互联网属性，且一直朝着个性化与数据驱动方向前进。

从最初的阿里巴巴 B2B 平台，到淘宝、支付宝、阿里妈妈的诞生，阿里巴巴的产品网络不断生长，互相交错，形成了一个协同的产品网络，而网络的中心就是用户。

围绕着"卖家"这一用户，阿里巴巴逐渐开发出支付、社交、物流、广告等产品与服务。

随着这些产品的加入，电子商务不再是一个单调的从买家到卖家的传统单线程操作，客户也拥有了表达意见、提供反馈的机会。支付宝上的每一次交易，阿里旺旺上的每一句聊天记录，都是在将淘宝网络向外扩展，为客户提供更具个性化的服务，同时使其网络协同效应不断扩大。

阿里巴巴的产品网络

数据协同：开放是基因

支撑协同网络旺盛生长的是阿里巴巴的开放基因，也正是开放为用户提供了日趋完善的数字化体验。

产品	平台	开放性
阿里巴巴	免费 C2C 电商平台，降低进入门槛，吸引卖家入驻	阿里巴巴提供统一的第三方信用认证，助力企业
淘宝	免费 B2B 电商平台，最大限度地接纳企业及个人用户，形成规模效应	开放 API 接口，使更多产品与服务可以与淘宝形成数据联通，使淘宝更容易使用
支付宝	从最初只为淘宝服务，逐渐向第三方服务开放，成为专业支付平台	开放接口，打通更多线上消费场景，并逐渐开始赋能线下支付、与其他B2C电商平台合作
阿里旺旺	免费买卖双方交流平台，任何卖家买家都可以注册	打破了交易的单向性，连接买卖双方，使消费体验更为完善
阿里妈妈	涵盖大量中小网站与个人博客，覆盖大量活跃用户	打通零散广告资源，形成平台与规模效应，在此基础上，利用数据与算法达到精准匹配

组织赋能：快速迭代的产品

阿里巴巴的产品与用户的互动并不仅仅发生在交易产生的一刻，在用户选择注册淘宝或者支付宝时，他与阿里巴巴的联系就已经建立。产品是企业与用户互动的唯一方法，只有不断与用户互动，才可以了解其需求的变化，才能快速进行产品迭代，以保证自己的竞争优势。

大胆假设，小心求证：阿里巴巴从不因为害怕失败而拒绝尝试与开发。伴随着淘宝的成功，阿里巴巴也进行了大量大胆的尝试。中国雅虎、阿里软件、口碑网等的加入或推出，都是阿里巴巴大胆推新的尝试，而及时止损或变身是阿里巴巴在组织与运营上的智慧。一切的变革，都在于培育出满足用户需求的产品。

持续敏捷交付：阿里巴巴的产品研发与维护都追求敏捷交付，要求团队具有持续发布、缩短相应周期、提高交付质量等能力，以实现产品的迭代与推出。

盈利，只是时间问题

2006 年，eBay 败走中国，淘宝成为中国 C2C 电子商务无可置疑的领军者。而接下来，阿里巴巴要面对一个无法回避的问题：何时开始盈利？

在经济下行，B2C 业务竞争对手发展壮大的背景下，大淘宝的战略开启，意在整合淘宝资源，清理不良卖家，奠定做电子商务服务提供商的基础。

第一阶段：阿里妈妈并入淘宝，开始提供营销服务；

第二阶段：阿里妈妈互联网资源逐步累积，淘宝开放 API，第三方可以为淘宝编写程序，提供服务；

第三阶段：开始进行线下初步尝试，如淘宝小店等。

同时，伴随着战略的转变，阿里巴巴的组织方式也开始进行有意识的调整——在现金流、物流的基础之上，强化了信息流，尝试打通各个业务部门之间的数据，开放了 API，接纳更多合作伙伴。

与战略和组织架构的转变相伴而来的是，淘宝在免费六年后于 2009 年实现盈利。淘宝的盈利得益于以下几方面。

庞大的流量入口：以大淘宝为流量入口，打通淘宝、支付宝、雅虎等业务，获取了巨大规模的流量与用户数据。

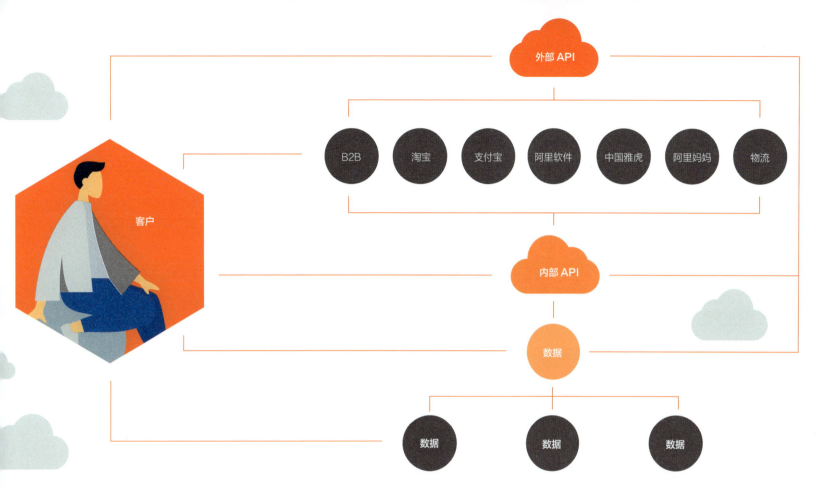

精准营销广告变现： 阿里妈妈多种形式的广告变现模式，直通车、钻石展位等。
商务生态圈平台使用费用： 插件租金、平台软件租用费用等。

庞大的流量入口使淘宝获得了大量用户数据；智能化的算法使淘宝可以精准地进行匹配，提供千人千面的服务；而平台集成了数据，为大体量运算提供可能，并产生一定的 SaaS 利润。三者相辅相成，在 2009 年将淘宝带入了芝麻开花的盈利时代。此时，阿里巴巴也可以响亮地回答 eBay 2005 年的提问：免费就是一种商业模式，开放与协同是数字化时代的基因。

阿里巴巴的客户价值转型能力柱

价值创造：让商家没有难做的营销

商家的销量越是高效提升，淘宝的盈利就越能持续成长。但营销不是易事，电子商务的营销就更不是一件易事。在十多年前，虽然电子商务已经开始蓬勃发展，但淘宝上的商家还很难搞清楚自己的消费者是谁、在哪里、喜欢什么。于是，商家的营销陷入了迷茫，直到2007年阿里妈妈的诞生。如果说阿里巴巴负责让天下没有难做的生意，那么阿里妈妈则负责让商家没有难做的营销。此后的十多年里，阿里妈妈从最早的单一电商效果广告升级成为大数据营销平台，为阿里巴巴平台上的商家赋能。

数据协同：再小的商家，也能使用强大的数字营销工具

以数据和技术为核心，阿里妈妈基于阿里巴巴的核心数据资源，为商家提供数字营销工具，帮助商家更高效地完成市场分析、消费者洞察、投放决策、客户维护和消费者资产管理。

组织赋能：全渠道、全触点，数字营销精准触达

阿里妈妈基于阿里巴巴的真实用户数据，将碎片化的用户信息进行汇聚，绘制出每一个消费者的立体画像，同时，为了全方位触达消费者，阿里妈妈打造了涵盖电商、社交、娱乐等全网媒体的超级媒体矩阵，从而让商家能够轻松完成从品牌曝光到卖货的全渠道数字营销。更重要的是，阿里妈妈全面追踪消费者从品牌认知到兴趣、从购买到忠诚的全过程，根据实时消费数据开发出动态算法模型，解决了传统广告粗放的流量匹配问题，把最合适的商品推给最合适的消费者，让中小商家得以实现精准的消费者全生命周期管理。

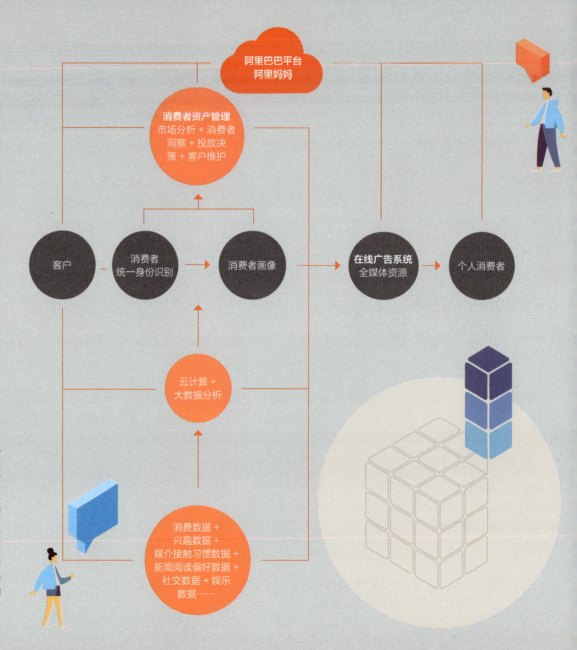

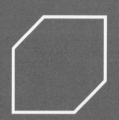

02-1-3

"All in 无线"

2009 ~ 2016 年，阿里巴巴的移动端成功转型，完成电商增长，开始大量"买买买"并购

"十八罗汉"集体辞职，归零再出发

2009年，阿里巴巴成立第十年。

"我们18个人辞去了自己的创始人职位，阿里巴巴将进入一个新的时代！"在10周年庆典上，马云的这番话震惊全场。18名创始人辞职后将重新竞聘上岗，以合伙人的身份进入阿里巴巴再度拼搏。

合伙人制度在淘宝实现盈利的2000年推出，实际上预示了人才梯队的建设和接班人体系的搭建，将成为阿里巴巴组织管理和人才培养的重中之重。于是，随着人才的不断涌入以及组织的创造力不断得到释放，阿里巴巴在接下来的新十年里开启了高歌猛进的"合伙人时代"，双十一、天猫、蚂蚁金服、菜鸟物流、阿里大文娱等一系列改变了中国人的购物以及生活方式的产品和服务，如同雨后春笋一般冒了出来。

阿里巴巴的人才转型能力柱

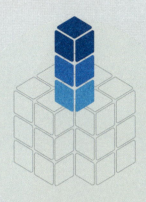

价值创造：摒弃管理，迎接赋能

阿里巴巴的每一位高管，其管理半径都被打破，拥有更多的汇报线。他们的工作是为团队成员的创新提供支持和资源整合，帮助下属取得更大的成绩。当领导不再意味着传统意义的管理而是赋能的时候，人才的创新能力就很容易被激活，阿里巴巴也因此而被评为最具创新活力的企业，并且长期排在榜单前列。

在为员工赋能的时候，阿里巴巴尤其推崇个人成就感和社会价值的实现，这从阿里巴巴的组织文化和马云在众多场合的演讲中都能感受到。马云曾多次提到，希望员工不仅仅是物质富有，还要精神富有，有成就感，能够获得社会的认同和尊重。

数据协同：动态数据，解放双手

在人才和组织的管理上，阿里巴巴引入了先进的技术和分析模型，让 HR 解放双手，有了更多的时间和精力来完成"政委"的赋能工作。

- 常规的数据分析模型：预测模型、防范模型、诊断模型、测试模型等。
- 日常的数据分析工作：招聘数据、离职数据、薪酬数据、培训数据、绩效数据、成本数据、预算数据、人才数据等。
- 数据分析与汇总工具：人才流量表、离职预警表、绩效 ROI 改善表等。

同时，阿里巴巴打造的组织协作平台，为员工的创造力工作提供了条件。在这个协作平台上，组织的数据化通过指标评估系统得以实现，每个人都可以以数字化的方式获得实时的连接和记录。

组织赋能：自由连接，透明共创

阿里巴巴习惯于根据业务需要不断调整组织架构，到了 2009 年以后，这个速度和频率就变得更快了，平均每年都会有 2～3 次的调整，每位合伙人或者高管的轮岗也同时进行。

如果说合伙人制度是阿里巴巴创始人为了给优秀人才"腾位置"，那么阿里巴巴的价值观则是优秀人才必须迈过的一道"门槛"。阿里巴巴在招聘时，更考量员工的天性、价值观和追求是否契合公司的理念，不一定选择最优秀的人才，但一定选择最适合的员工。而每个员工拥有一个独特的"花名"，则最让外界津津乐道。这种淡化层级观念的"小动作"，在激发员工的主动性上发挥了大作用。

双十一,中国人自己的消费狂欢节

时间来到 2009 年,中国 B2C 电子商务已经呈现出群雄逐鹿的竞争之态——京东、凡客、当当等都进入了白热化的厮杀阶段。这一年,阿里巴巴将淘宝的 B2C 业务分离出来,成立了淘宝商城(后更名为天猫),在这一年,淘宝商城联系了 20 多家品牌,选中"11 月 11 日"这个日子,做了一场促销活动,达成了 5000 万元的销售额。

这一场现在看来似乎微不足道的促销活动,让阿里巴巴坚定了 B2C 这一道路可以走得通,并且有极大的增长前景。

2010 年双十一,成交额 9.36 亿元;
2011 年双十一,成交额 33.6 亿元。

2012 年,淘宝商城正式更名为天猫,而双十一当天成交总额达到了 191 亿元。独立电商市场厮杀过后,凡客等纷纷式微,包括当当等在内的多家独立电商,先后入驻天猫。此时,阿里巴巴在电子商务领域已经达到了增长的巅峰,但这并不意味着可以高枕无忧。4G 网络和移动智能设备的普及,使互联网行业发生了分化,阿里巴巴也敏锐地捕捉到了人们的生活和工作将从桌面互联网向移动互联网转移这一趋势……

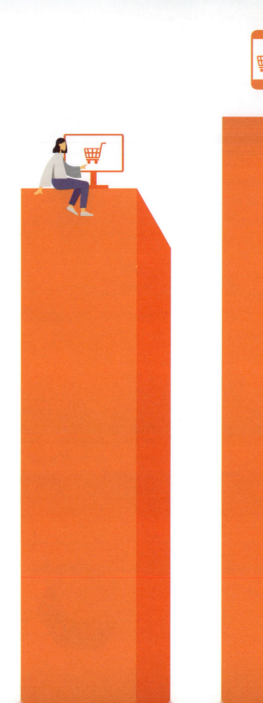

在无线上没有建树，我们就不该考虑上市！
——马云，2013年10月20日阿里巴巴内网

All in 无线后的跨越式增长

很多人将 2013 年当作移动互联网的元年，那年的 1 月，Facebook 发表声明，宣布自己的移动端访问量超过电脑端，并将这一刻称为"the mobile moment"。在中国，微信也在这一年开始进行商业化尝试，其中的一个举措就是推出支付功能。在支付领域一直遥遥领先的阿里巴巴，这时候也开始面临竞争对手的入侵。

不管是宏观环境的变化、新兴技术的成熟还是竞争对手的逼近，阿里巴巴都面临着转变的必然性。All in 无线的战略在这个时刻启动了。

来往与手机淘宝成为 All in 无线的两个重要业务。很遗憾，被寄予厚望的来往并没有获得预想中的成功，反而是手机淘宝扛起了增长的大旗。2014 年双十一，手机淘宝端成交 243 亿元，占比 42.6%。2015 年双十一，手机淘宝日活用户数高达 1.89 亿人，一举超过大量社交性 App。伴随着手机淘宝的成功，支付宝等核心业务也进行了相应的移动端转型。2016 年，张勇宣布阿里巴巴移动端转型成功，同年双十一成交量突破了 1000 亿元，阿里巴巴实现了移动互联时代的跨越式增长，成为移动互联网时代的超级赢家。

阿里巴巴的增长转型能力柱

价值创造：拥抱变化，寻找增长

实现淘宝盈利的阿里巴巴，并没有满足于自己的成就。"看十年，做一年"的理念使阿里巴巴开始思索，下一个趋势是什么？

- 将处于巅峰的大淘宝拆分为 C2C 模式的淘宝、B2C 模式的淘宝商城以及独立 B2C 的一淘网，并大胆鼓励其互相竞争，用市场去检验战略。
- 提出"双十一"概念，完成 B2C 商城的初步增长，检验战略并做出调整。
- 拥抱移动互联技术，完成电子商务的指数级增长。

拥抱变化，迎接变化，检验远见，正是阿里巴巴在战略层的这三次价值创造，使其牢牢把握住了增长先机，从 PC 时代跨越到移动互联时代，保持了市场领导者的地位。

数据协同：移动互联时代的"千人千面"

从大屏幕到小屏幕，是一场购物规则的改变——在 PC 端，用户有时间经常会浏览几十页的商品；但在移动端，没有人会点击第 10 页的内容。而阿里巴巴的移动转型与指数级增长，正是建立在深刻认知这一用户洞察的基础之上，针对技术与数据做出了具体部署。

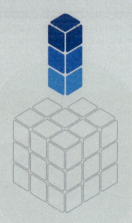

组织赋能：无线优先，all in

在确立了移动转型战略后，阿里巴巴管理层喊出了"all in"的口号，这个在德州扑克中象征着押下全部身家的动作，代表了阿里巴巴全集团层面对无线战略的重视。

外部防御
阿里巴巴先后投资或并购了 UC 浏览器、快的打车、高德地图和新浪微博等移动互联领域现象级企业，完善阿里巴巴生态体系，弥补自己在社交领域的短板，并收购了友盟这样的移动数据收集平台，局部完善移动端。

内部创新
自上而下：任命张勇为移动转型负责人，从 PC 淘宝、搜索等部门抓来精兵强将，重拳打造手机淘宝 App。
自下而上：鼓励员工内部创新，以最小资源换取最大效益。

技术优化性能

性能优化，通信效率大幅提升，运载能力大幅提升

一云多端

从阿里云计算平台到 PC、手机等多种终端

从工具到平台 数据的全记录

手机淘宝不再只是购物的工具，也不是淘宝 PC 端的简单复制，而是成为移动互联时代的航空母舰级流量总入口。阿里巴巴大量的业务与 App 都在手机淘宝落地，给用户提供模块化选择，淘宝从购物平台变成了移动生活入口，成为平台级应用，并有能力进行数据的全记录

从产品到用户 数据的智能化

从过去的产品中心模式向用户中心模式转移，大量数据的积累与运算，使每个用户的手机屏幕呈现出千人千面的不同形态。同时，大量数据帮助团队了解用户移动互联使用习惯，以反馈设计、优化用户体验

**云计算最后是一种分享，是数据的处理、
存储及分享的机制，我们对云计算充满信心、充满希望。**
——马云，2010年

增长背后——阿里云与菜鸟网络

在淘宝成为 C2C 电商领军者的同时，阿里巴巴的技术体系面临着越来越严峻的挑战——交易量的不断上升，业务对计算的需求也呈现出指数级的扩大，使用传统 IOE（IBM 小型机、Oracle 商业数据库以及 EMC 集中式存储）的 IT 架构已经无法满足大量的交易需求。为了支持业务增长，阿里巴巴的技术架构必须进行变革。

阿里巴巴技术团队决定采取"用横向扩展替代纵向扩展、用开源软件代替商业软件"的路线，用PC Server、MySQL开源数据库以及自主研发的系统来替代IOE结构。阿里云和云计算操作系统"飞天"就在"去IOE"的背景下诞生了。基于飞天，阿里云可以提供领先世界的计算能力，在支撑起阿里巴巴飞速发展的业务之外，也开始尝试为无数商业体提供云服务和云计算支持。

与此同时，由于电商业务的跨越式增长，以及双十一的火爆带来的"糟糕"物流体验，无论是商家还是个人用户，都提出了对优质物流服务的需求。于是，如何使物流成为"让天下没有难做的生意"这一使命的助推器，成为摆在阿里巴巴面前的新课题。

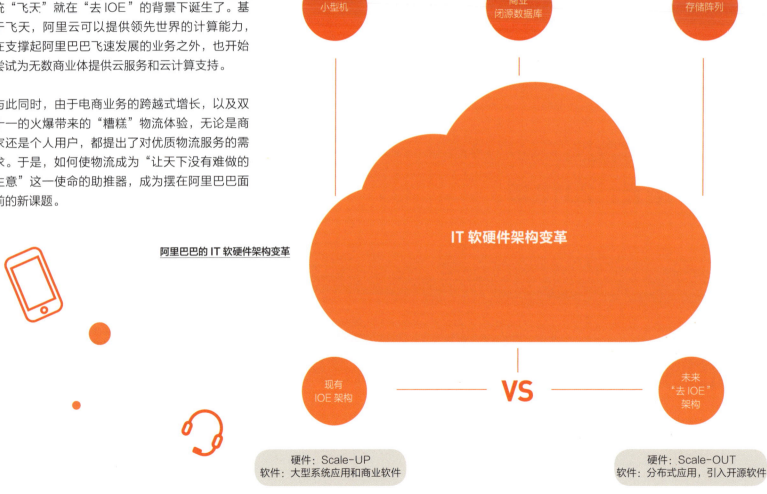

阿里巴巴的IT软硬件架构变革

2010 年初,阿里巴巴便入股了一家快递公司,正式进入物流行业。2011 年初,阿里巴巴物流事业部推出"物流宝"。2013 年 5 月,阿里巴巴联合零售、地产、物流等多个领域的企业,共同注资 50 亿元成立菜鸟网络。

如果说阿里云的出现,让阿里巴巴电商、金融等业务的增长突破了瓶颈与限制,那么菜鸟网络的成立,则让阿里巴巴的业态进一步变得多样和复杂,而这就对行政、财务、人力等后端职能部门提出了巨大的挑战。其中,财务作为同时参与业务创新和内部流程控制,并且掌握所有关键财务数据的部门,所要面对的挑战更是艰巨。

菜鸟网络:物流基础设施 + 数据应用平台

天网
前身是集物流数据平台和数据工具于一体的物流包,打通了阿里巴巴电商体系、物流公司、商家、消费者自建的订单数据和物流数据

地网
以"自建 + 合作"的方式建设实体仓储设施,搭建串联全国、统一标准的仓储体系,协同物流商、快的公司等合作伙伴建设仓配智能骨干网

人网
以解决"最后一公里"的物流服务体验为目的,建立面向消费者的线下实体服务体系,例如进驻小区和校园的服务站、无人自提点、快递柜等

财务,为业务而变

依托甲骨文的 EBS(E-Business Suit,电子商务套件)系统,并以明基逐鹿的 BPM(Business Process Management,业务流程管理)系统为优化工具,阿里巴巴很早就形成了应用于全集团业务的网络财务管理系统,不仅能快捷处理基础财务工作,还把物流、供应链、人力资源等其他业务与资金流结合起来,使得阿里巴巴这个庞大的电子商务机器能够快速转动。

阿里巴巴开放、赋能的平台基因,在财务管理上也得到了体现。为了让业务财务、合作伙伴、供应商和客户能够更好地协同,阿里巴巴的财务尤其强调对标准化、效率和全链路流程的满意度。

此时,除了核心电商业务,阿里巴巴的云计算业务、金融业务和物流业务也开始呈现出高速增长态势,加上 2014 年 9 月阿里巴巴在纽交所上市,原先的财务管理系统存在的不足开始显现。比如,系统的安全性和内控机制的完整性急需提升,系统的使用成本和维护成本有待降低,等等。

而阿里云的诞生,让财务管理系统的二次开发成为可能。这更符合阿里巴巴的实际运营情况,不仅充分利用了内部资源,使成本得到了有效控制,而且系统的安全性和可靠性也得到了保障,为往后的阿里巴巴生态搭建奠定了坚实的基础。

阿里巴巴的财务转型能力柱

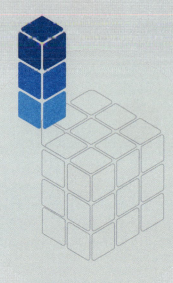

价值创造：与商业模式发展相匹配

技术的变革促进了阿里巴巴商业模式的创新发展，其财务管理战略也与商业模式相匹配。

数据协同：财务自动化

数字化技术的应用，不断推动业务财务一体化、会计自动化和数据智能化。共享财务作为财务管理变革的重要组成部分，与大数据、云计算和人工智能等技术的融合更是极具想象空间，例如RPA（Robotic Process Automation，机器人流程自动化）的天然应用场景就是在共享财务领域。

实际上，阿里巴巴早已在内部使用RPA。原名叫"码栈"的阿里云RPA早在2011年就诞生于淘宝，普遍应用于内部的诸多业务。2016年，阿里云RPA正式上线，开始为阿里巴巴生态内的众多伙伴赋能。

组织赋能：从传统会计到"财务工程师"

数字化时代，财务人员不应该再是传统的会计。阿里巴巴的财务人员在这样的背景下，其角色也发生了变化——从"会计"到"财务工程师"，即拥有参与RPA应用场景设计或在财务共享领域应用其他新技术的数字化能力。如今，阿里巴巴财务部门正在内部对员工进行这一能力的培养和推广。

2017 年，阿里巴巴集团财务共享中心开始在市场广告投放效果检查、供应商结算比对、外包考勤核对等多个业务场景使用阿里云 RPA，良好的人机协作模式不仅减少了大量烦琐流程，也极大地提升财务人员的工作效率。

阿里巴巴的财务管理战略

业务财务

共享财务平台

集团财务规划与分析

专业化、精细化、贴合业务，为业务直接赋能
提前介入，深刻理解业务，快速反应，快速解决

会计交易，账务处理
流程标准化
数据化运营和分析

全业务数据互联互通，整合和分析财务数据
纵向上为管理层提供集团层面的财务分析报告和决策依据
横向上打通重点创新项目，提供有针对性的项目财务数据

今天起，我们全面启动阿里巴巴集团中台战略，
构建符合DT时代的更创新灵活的"大中台、小前台"
组织机制和业务机制。
——张勇，2015年12月

大中台、小前台

当阿里巴巴喊出"all in 无线"的口号时，其战略远见已经跨越了单纯的电商服务。阿里巴巴在此刻要做的是推动传统领域的变革，整合平台化的资源，提升效率，让生意不再难做之后，还要让生意越做越有效率，越做越有奔头。

随着越来越多的业务部门诞生，阿里巴巴似乎也遇到了大企业通病：大量的业务部门使创新环境与资源的整合程度受到影响，甚至抑制了员工的创造力。

因此，"大中台、小前台"的组织方式在2015年被提了出来。

阿里云支持基础技术，在技术架构之上建立业务中台＋数据中台，强调记录所有商业活动数据，并打通数据赋能业务，作为资源整合沉淀能力的大平台，其对前端不同业务部门予以支持。

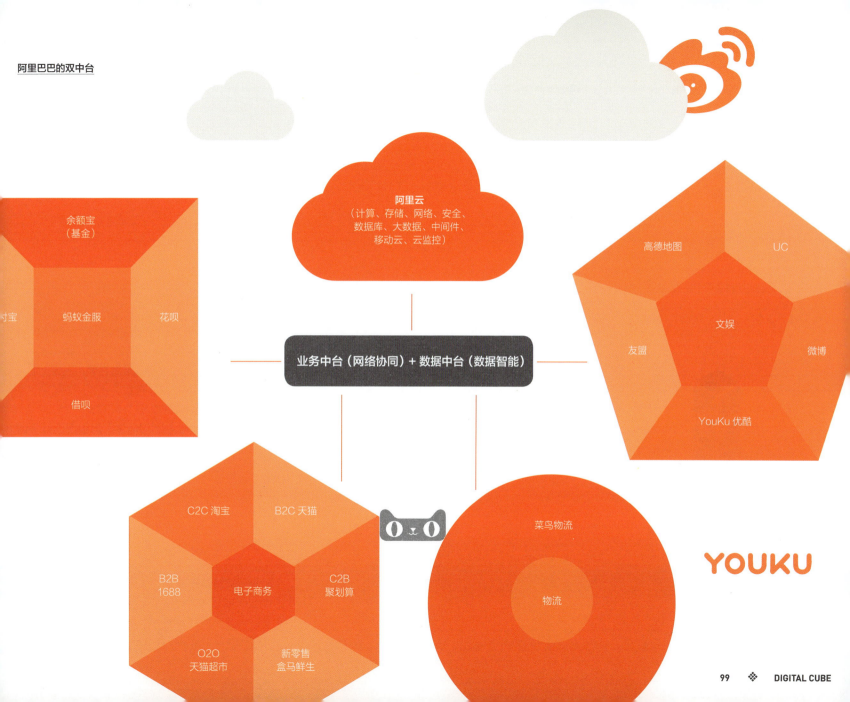

阿里巴巴的运营转型能力柱

价值创造·高效率的社会化协同

自 2014 年 IPO 之后,阿里巴巴通过投资并购的方式快速渗透到各个领域,社交、娱乐、线下零售等,构建强大的社会化协同效应,从"卖家—平台—买家"的单向程,发展成为"客户—平台—服务供应商"的多维网络矩阵。

这种网络矩阵带来的是运营上的效率提升,以菜鸟网络为例,通过其大物流服务平台,将大小商家、消费者、快递员、大小物流企业等网络集中,形成社会化效应,最终实现效率的提升:传统物流服务的速度与体验均达到了前所未有的高度。

阿里巴巴的多维网络矩阵

客户	平台	服务供应商
卖家 / 买家 / 厂商	天猫 / 淘宝 / 聚划算	快递公司、效果监测机构……
企业	阿里云	SaaS 服务提供商
卖家 / 买家 / 厂商	菜鸟网络	快递公司、物流公司……
用户	蚂蚁金服	基金公司、银行……

阿里巴巴的大物流服务平台

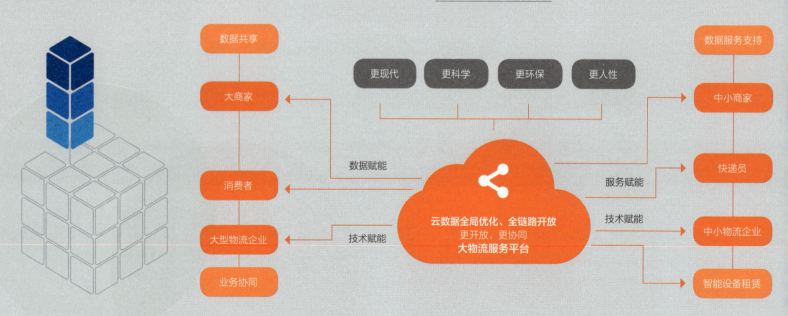

数据协同：超出效率之外的成败之本

运营所追求的社会化协同效应——提高效率，必须要以坚实的技术架构为前提，而当业务的复杂度达到一定程度时，技术架构必须要得到全面的更新，这不仅关乎效率的提升，更决定了整个组织机构的成败。而为了获得社会化协同效应，阿里巴巴祭出的王牌就是"大中台、小前台"的架构变革——建立一个既稳定可靠、能处理海量数据，又可以孵育创新的体系，整个体系的核心就是中台。

2009年，阿里巴巴成立了共享事业部，经过多次尝试，最终确定了共享事业部的"中台"地位，成为"大中台、小前台"架构的雏形。其核心意义就在于，通过统一的数据架构来达到数据的共享与流动，让不同业务通过数据产生联动。

组织赋能：前台与中台的斡旋交互

"大中台、小前台"不只是技术架构的变化，更是一场牵涉到组织的变革，为了配合这一变革，阿里巴巴内部的沟通协调机制也随之进行了调整。

高管团队
实时可视化的数据技术为其提供更直观的决策依据

业务团队
通过数据发现问题，数据与业务结合，从"经验"上升到"科学决策"

技术团队
从简单运维到通过数据发现赋能业务的新要素，以进行创新

通过不同业务之间的数据流通，实现社会化效应最大化

对外　　数据的共享与流动　　对内

业务优先级的指定
确定集团内部业务优先级，对于核心业务进行更密切的沟通

分歧处理机制
业务与应用出现分歧时，根据业务的层级关系，在业务层面予以解决；不上升到更高层面

轮岗与共建制度
中台工作人员与具体业务负责人会有一定程度的轮岗，以熟悉不同岗位对同一事物的理解，两方也会在短时间内成立团队，解决具体问题

绩效考核
确定以服务为重点的考核机制，并同时考虑创新与客户满意度

02-1-4

"从 IT 到 DT"

2016 年至今

我们正进入从 IT 时代到 DT 时代的转型阶段。IT，我称之为 Information Technology。DT，我称之为 Data Technology。
—— 马云，2015 年 12 月，第二届世界互联网大会

数据是未来的终极能源

如果说电子商务、社交网络是数字化的先遣部队，那么数字化的大军正接踵而至，进入我们生活的每一个环节。IT改变了信息的传播方式和属性，20年的"IT时代"让我们积累了大量的数据并让我们拥有了驾驭数据的能力，大数据、5G、物联网技术的成熟让数据的生产能力与运算能力达到了巅峰，我们开始迎接DT时代，进入用数据思考、用数据决策的时代。正如电拉开了第二次工业的序幕，数据将成为未来的终极能源，数据技术对人类社会的颠覆也正开始。

2017年，阿里巴巴成立"达摩院"，以探索、冒险、动力与展望为愿景，致力于颠覆性科技与原创技术的研究。在这里，技术不再只是为推动阿里巴巴的发展，而是致力于为人类整体福祉做贡献。

我们相信未来的阿里巴巴会继续坚定技术驱动的理念，服务于"让天下没有难做的生意"这一愿景，成为数字化时代独领风骚的商业基础设施平台。

达摩院

机器智能
语音实验室
视觉实验室
语言技术实验室
决策智能实验室
城市大脑实验室

数据计算
计算技术实验室
智能计算实验室
数据库与存储实验室

机器人
自动驾驶实验室

金融科技
金融智能实验室
区块链实验室
生物识别实验室

X实验室
人工智能实验室
量子实验室

高校联合研究所
全球前沿创新研究计划
全球实验室

阿里巴巴的技术能力转型柱

价值创造：从技术解决实际的场景问题到技术必须普惠向善

"技术的强大在于它给社会带来的价值、给人类带来的温暖。阿里云、达摩院，阿里巴巴所有的技术部门、技术人员，用自己的能力、想象力给世界带来机会。技术必须向善。"马云在2019年阿里巴巴20周年庆典上如是说。在很长一段时间内，阿里巴巴一直通过业务倒逼技术发展，技术的进步是为了电子商务业务的顺利展开，然而，随着从IT到DT的转型，阿里巴巴逐渐开始朝着探索基础和颠覆性技术的方向转变，致力于成为极具技术气质和情怀的高科技公司。

- **把技术落地到业务场景中**。例如，天猫双十一成交额逐年攀升，为了支撑高速发展的业务，阿里巴巴的技术能力也随之不断突破，并且成功通过了业务的考验，2019年天猫双十一总成交额高达2684亿元。
- **拥抱中台，一切业务数据化，一切数据业务化**。受到芬兰手机游戏巨头Supercell的开发模式的启发，阿里巴巴全面启动中台战略，让技术成为业务创新的助推器，也让数据智能成为现实。

数据协同：在技术抉择中不断狂奔

阿里巴巴在技术发展的道路上面临过数次至关重要的抉择，得益于清晰的愿景、使命，每一次抉择，阿里巴巴都遵循着"数据是终极能源"的理念，走的是正确的路线。

第一次技术抉择：去IOE，提升数据处理能力。

早期阶段，阿里巴巴逐渐形成了相对封闭的IOE架构，但随着业务井喷，在2010年1月果断做出决定，启动"去IOE"计划，总共历时三年才完成了用PC Server、MySQL开源数据库以及自主研发的系统来替代原有的IOE架构。

第二次技术抉择：自主研发云计算系统，把握核心数据资产。

放弃市面上已有的开源云平台，阿里巴巴选择自主研发大规模分布式云计算操作系统"飞天"，与"去IOE"并行推进。飞天大数据平台如今是中国唯一自主研发的大数据计算引擎，已推动阿里云拿下了亚太地区云计算市场的头把交椅。

第三次技术抉择：搭建中台，实现数据智能联通。

中台的搭建，让阿里巴巴生态体系的所有业务都能获得助力，实现不断创新和数据智能。这一抉择极具前瞻性。在2015年阿里巴巴启动中台战略的三年后，腾讯、百度、京东、美团等国内公司才开始提出"中台"的建设目标。

第四次技术抉择：研发前沿基础信息技术，走向未来，探索数据未来潜力。

现有的成熟技术和成熟产品已经无法满足阿里巴巴的业务发展，也不足以惠及其生态。只有在操作系统、芯片、数据库等底层进行布局，才能真正增强底层技术实力，最终让技术和数据惠及更多人、更多中小企业。

从去IOE、建设云平台的"业务倒逼技术"的抉择，到研发飞天系统、建立数据中台取得核心技术的颠覆性成功，阿里巴巴已经成为名副其实的世界领军型科技企业，在2019年世界企业研发投入排名中位列全世界第28名，中国第2名（仅次于华为），从2004年到2019年，15年来上升超过200位。

组织赋能："大中台、小前台"，让技术驱动创新和实现数据智能

阿里巴巴组建"大中台、小前台"的组织机制和业务体制，影响深远。

- 前台负责业务创新，后台提供包括数据、计算等在内的生产资料。
- 中台包括数据中台和业务中台，双中台通过对后台提供的基础资源进行整合，向前台提供技术、数据和计算支持。由此，前台各业务部门可以专注于创新，快速试错，快速应对瞬息变化的市场。

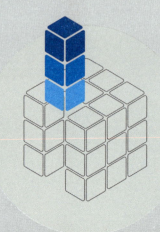

2019 年度欧盟产业研发投入记分牌前 30 名

排名	企业	国家	研发投入（10 亿欧元）	研发占销售比率（%）
1	ALPHABET 字母表（谷歌母公司）	美国	18.3	15.3
2	SAMSUNG 三星	韩国	14.8	7.8
3	MICROSOFT 微软	美国	14.7	13.4
4	VOLKSWAGEN 大众	德国	13.6	5.8
5	HUAWEI 华为	中国	12.7	13.9
6	APPLE 苹果	美国	12.4	5.4
7	INTEL 英特尔	美国	11.8	19.1
8	ROCHE 罗氏	瑞士	9.8	19.4
9	JOHNSON & JOHNSON 强生	美国	9.4	13.2
10	DAIMLER 戴姆勒	德国	9	5.4
11	FACEBOOK 脸书	美国	9	18.4
12	MERCKUS 默克	美国	8.5	22.9
13	TOYOTA MOTOR 丰田	日本	8.3	3.5
14	NOVARTIS 诺华	瑞士	8	17.2
15	FORD MOTOR 福特	美国	7.2	5.1
16	BMW 宝马	德国	6.9	7.1
17	PFIZER 辉瑞	美国	6.8	14.5
18	GENERAL MOTORS 通用	美国	6.8	5.3
19	HONDA MOTOR 本田	日本	6.6	5.3
20	ROBERT BOSCH 罗伯特博世	德国	6.2	7.9
21	SIEMENS 西门子	德国	5.9	7.1
22	SANOFI 赛诺菲	法国	5.9	17.1
23	CISCO SYSTEMS 思科	美国	5.5	12.8
24	BRISTOL-MYERS SQUIBB 百时美施贵宝	美国	5.5	27.8
25	ORACLE 甲骨文	美国	5.3	15.3
26	BAYER 拜耳	德国	5.1	12.9
27	QUALCOMM 高通	美国	4.9	24.6
28	ALIBABA 阿里巴巴	中国	4.8	9.9
29	ASTRAZENECA 阿斯利康	英国	4.6	24
30	ABBVIE 艾伯维	美国	4.6	16

欧盟于 2019 年 12 月 18 日发布《2019 年度欧盟产业研发投入记分牌》(2019 EU Industrial R&D Investment Scoreboard) 报告，以 2018—2019 年全球研发投入最多的 2500 家公司作为研究对象，数据来自各公司最新公布财报中体现经济和创新绩效的关键指标。阿里巴巴位列全世界第 28 名，位列中国第 2 名（仅次于华为）。

面向未来的商业基础设施平台

2017年，马云表示：互联网已慢慢转变成社会发展的基础设施，云计算、大数据、物联网等在加速推进智能世界的到来，各行各业将会被重新定义并产生"五新"，即新能源、新技术、新金融、新零售、新制造。

在数字化变革来临之际，凭借强大的数据技术能力，阿里巴巴致力于为电商、制造、金融和物流等领域的企业提供服务，建立开放、透明、协同的生态，"五新"战略等也就应运而生，为构建未来的商业基础设施，打造阿里巴巴数字经济体吹响了号角。

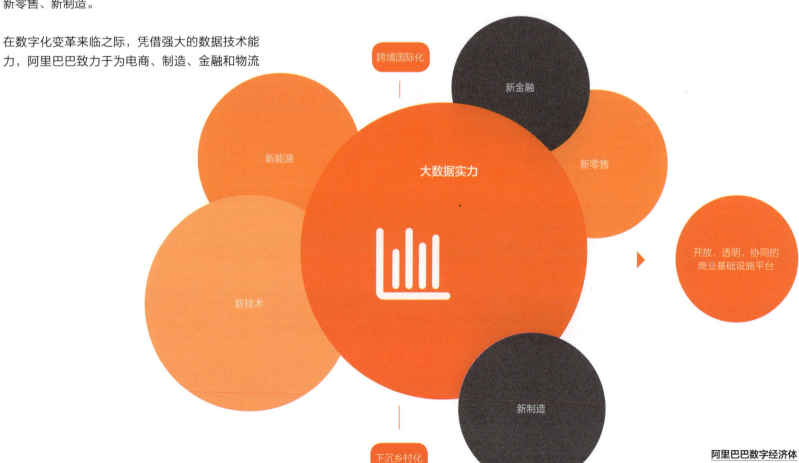

阿里巴巴数字经济体

阿里巴巴的生态转型能力柱

我们将一如既往地建设好面向数字经济时代的基础设施，为未来投入，为未来孵化，让阿里的创新为社会带来更多美好。
——张勇任阿里巴巴董事长后首次致信股东，2020 年

价值创造：开放、透明、协同的数字经济体

早在 2008 年，阿里巴巴就成立了阿里巴巴资本以便进行投资与并购，完善自己的生态体系。围绕建设开放、透明、协同的商业基础设施平台这一策略，阿里巴巴朝着跨境国际化与下沉乡村化的趋势拓展，逐步完善自己的生态体系，形成集核心电商、云计算、数字传媒娱乐、创新和其他业务于一体的数字经济体。

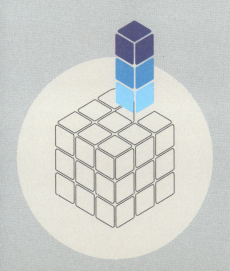

电子商务场景	紧扣核心电商，向新零售和海外电商拓展
拓展流量入口	投资文娱等，获取大量流量
创新项目与实践	钉钉等服务型创新项目

▼

数据联通，客户基础设施共享

数据协同：数据赋能生态

为阿里巴巴层出不穷的新旧业务持续赋能的源动力，是数据。通过阿里云＋大数据＋AI，多维度、全覆盖，智能化的数据打破了各个业务之间的孤岛现象，使其围绕着核心业务形成了一个协同共生的生态体系。

生态体系的协同性，与围绕数据的持续性、统一性密不可分。

	定义	示例
数据服务	数据共享，可重复使用，而非简单复制	如微博与淘宝可复用数据，淘宝可根据用户在微博的搜索与阅读习惯进行商品推荐，微博成为淘宝的流量入口
数据管理	用统一标准进行数据化管理，且保证数据的持续性与完整性，将数据视为资产而非成本	如斥资收购智慧交通、健康等领域的企业，获取来自该领域的数据，纳入阿里巴巴的标准化管理体系
数据联通	将实体的行为标签化进行管理，使数据联通，打破数据孤岛	如可根据偏好标签、预测标签等精准预测某一个体在阿里巴巴各个业务的偏好

统一服务（one service），统一数据（one data），统一实体（one entity）
围绕着数据的统一化维护，管理与运用使阿里巴巴生态体系得到了统一的赋能，真正形成了有机互动与协同

组织赋能：前瞻的愿景和简单的规则，推动生态的演化

正如罗马城不是一天建成的一样，阿里巴巴用了超过20年的时间才构建起今天的这个生态。生态是开放的，同时也充满着不确定性。生态不会因为有了计划方案就能搭建起来，生态只会因为对未来的前瞻判断所形成的战略远见而发生演化。因此，在这么长的一段时间里，阿里巴巴永远在谈论一件事，就是让天下没有难做的生意。正是这样的愿景，吸引了无数人的加入，把他们凝聚到一起。也正是因为这个使命，生态里的规则就十分简单——让生意变得好做并且能够持续做下去。

前瞻的愿景和简单的规则，阿里巴巴的生态就是这么逐步演化而来的。淘宝、支付宝发展到足够成熟，才有了天猫，才有了余额宝、后来的蚂蚁金服，以及阿里云、菜鸟网络和阿里大文娱，最后才有了现在的阿里巴巴经济体。

02-2

魔方成熟度量表

阿里巴巴是数字化时代无可置疑的领军者，也是中国企业进行数字化转型时对标找差距的标杆企业。阿里巴巴的发展过程，也是其数字化成熟度不断提升的过程——并不是每一家企业都能一下子走上巅峰。

在数字化转型的道路上，你也许会问：
我的公司处在什么位置呢？
我公司的数字化成熟度如何呢？
我该怎么评估自己公司的数字化成熟度呢？

企业在数字化转型过程中，往往面临着以下尴尬。

魔方 – 转型之初

痛点 1：
企业并不了解自身 9 大价值 27 项能力的状态如何，也没有准确的自身定位，造成管理者无法确定数字化转型起始点及优先顺序，资源无法得到合理配置，企业的数字化转型进度通常较为缓慢。

据 Altimeter 公司 2018 年调查显示：有 41% 的企业没有进行全面的客户分析，便开始了企业的数字化转型。

魔方 – 转型中

痛点 2：
企业无法通过数据监测转型进度以实现自我诊断，造成转型路径的偏航，转型效果难以达到预期。

据《2019 中国企业数字化转型及数据应用调研报告》显示：超过 90% 的企业表示企业内部数据孤岛问题没有得到解决，超过 80% 的企业对转型效果表示不满。

魔方 – 转型后

痛点 3：
无法通过数据直观地对转型效果进行评估，造成企业数字化转型不了了之或草草收场。

据 Altimeter 公司 2018 年调查显示：在企业面临的数字化转型重大难题中，没有数据支持转型效果是首要难题。

DIGITAL CUBE

玩转数字化魔方——成熟度量表

所有的业务转型包括数字化转型在内，都将是一段痛苦艰辛、充满挑战，但又风光无限的旅程。不管抵达终点时的收获如何，过程中的锻炼和自我提升才是最大的价值所在。

在这段精彩的旅程中，一开始我们缺乏信心和经验，要沿着前人的足迹小步前行，慢慢地，开始自己摸着石头过河。接下来开始跋山涉水，甚至铺路搭桥。在遇山开路、遇水架桥的路上，也许要借助他人的力量合作共赢，也可能会经历自己独立探索前进的日子。不过，越是在走得顺利、信心爆棚的时候，风险也越有可能不期而至，我们会被计划外的分岔路搞得迷失了既定的方向，也会被外部环境的突然变化打个措手不及，在一团迷雾中兜兜转转而找不到短期的突破口。

当然，最常见的情况是因为自我认知不足，无法科学规划阶段性的目标，无法合理控制投入和行进速度，在缺乏自身参考系的情况下，被周围同行者带乱了自己的节奏，或错失良机，或疲于奔命，最终倒在转型的半路上，放弃目标，打道回府。

想象一下，如果有个 GPS 能实时定位，帮助规划和修正最佳路径，旅途会不会轻松和安心很多？所以我们推出了数字化魔方成熟度量表，为你的数字化转型之旅保驾护航。在数字化转型中，企业可以随时通过量表自省，考察自己的数字化成熟度。

为了合理规划、持续追踪和分析企业的数字化进程，通过数据直观展现企业在数字化转型各阶段的成熟度，我们走访了百余位大中型企业的中高层管理者，把他们在数字化转型各阶段的核心思考进行了汇总整理和分析，形成了这套成熟度量表。

在第 1 章我们反复提到的企业转型价值轴与能力柱，被均分成三层分别进行打分。

第一层是价值创造，第二层是数据与技术的交付，第三层是组织上的赋能执行。这三层从组织能力上看，第一层是战略方向性能力，评估的角度大多是看战略和业务目标是不是清晰，九个模块是不是能形成高度一致且清晰的商业模式。第二层是结构化能力或者运营协同能力，评估的角度是看企业在这个纵向维度上是不是能将数据核心和传统的方法论打通，使用数字化技术赋能，形成数字化的高效运营体系。第三层是数字化赋能和执行能力层，评估的角度是看企业在职能这条线上是不是具备了数字化的思考和工作方式，是不是具备了相应的数字化团队、人才和能力。

现在，通过成熟度量表，玩转属于你的数字化魔方吧！

关注微信公众号"数字化魔方",在线体验魔方成熟度量表。

转型价值轴

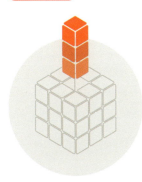

评估主体	评估类别	因素	描述	评估
转型价值轴	价值创造层	对数字化转型的理解	我们理解的数字化转型是利用数字化技术和能力来驱动企业商业模式创新和生态系统重构的途径与方法，数字化转型的本质是数字驱动的价值主张升级和转型	⊕
			我们认为企业数字化转型需要大量的人力、物力、财力的持续性投入，可能耗时3～5年才能展现出初步的成果	⊕
		核心价值主张设计	我们的商业模式里面有一个清晰的核心价值主张，能帮助客户真正解决他们工作或生活中遇到的痛点	⊕
			我们每季度或每半年会根据数据和技术的变化来重新审视核心价值主张，并对产品或服务的设计做出微调	⊕
		商业模式设计	我们采用基于假设的商业模式设计，并通过数字化技术进行验证	⊕
			我们的产品或服务包含在一个清晰的商业模式中，我们清楚地了解其在规模化过程中每个阶段的数据和技术需求	⊕
			我们制订了完善的可落地执行的数字化转型方案，包括愿景描绘、蓝图绘制、目标设定、架构设计、技术路线选择、清晰的转型举措和组织文化变革方案等	⊕

当前的最佳实践：
_____
_____
填写日期：

期待的最佳实践：
_____
_____
规划实现日期：

Level 0 不符合 ⊕
Level 1 基本不符合 ⊕
Level 2 部分符合 ◐
Level 3 基本符合 ◕
Level 4 完全符合 ●

DIGITAL CUBE

评估主体	评估类别	因素	描述	评估
增长转型能力	价值创造	价值设计	我们明确定义了各阶段的增长目标，设计了清晰的增长战略和市场进入策略	⊕
		价值评估	我们的商业模式和产品在设计之初经过各种增长场景的多轮验证	⊕
		价值策略	我们的增长目标不全是定量的，我们不断调用数据核心来验证增长战略和阶段性增长目标，通过设定"早期预警信号"，提前识别增长失效	⊕
	数据协同	数据管理	我们积极探索和导入适合本行业的数据管理理论，并在实际运用中与企业实践相结合，帮助企业实现业务的持续增长（如零售行业全面引入增长黑客理论等）	⊕
		数据分析	我们构建了基于数据核心的个性化增长模型，业务起步、增长、稳定、衰退各阶段的增长目标都非常清晰并可实时监控	⊕
		数据应用	通过数据挖掘与分析，在企业某项业务达到巅峰之前，我们能找到带领企业二次腾飞的替代业务，并且替代业务是在原业务达到巅峰前开始增长，以弥补替代业务投入初期的资源（资金、时间和精力）消耗，以此实现企业的持续性增长	⊕
	组织赋能	转型文化	我们时刻关注行业趋势，且善于发现和把握行业新增长机会，以更好地帮助企业挖掘新产品和新市场机会	⊕
		流程及制度	我们对产品或服务的渗透力、复购力、价格力、延展力等要素设置了关键增长指标，实时对增长效果进行监测并对标行业平均水平，寻找差距、识别趋势并制订相应的修正迭代方案	⊕
		组织及资源	我们意识到设立首席增长官来协调一切可以驱动增长的力量十分有必要	⊕

增长转型能力柱

当前的最佳实践：

填写日期：

期待的最佳实践：

规划实现日期：

生态转型能力柱

评估主体	评估类别	因素	描述	评估
生态转型能力	价值创造	价值设计	我们越来越看重生态和平台的力量，并将其纳入我们的战略规划；同样，我们的战略规划也会考虑公司未来对外部生态和平台的贡献	⊕
		价值评估	我们会根据外部生态环境的数字化洞察和反馈进行转型价值评估，以实现持续创新与变革	⊕
		价值策略	我们已经通过建立自有平台或建立合作关系等手段开始参与数字化开放平台及生态体系的建设，并明确了在生态体系建设中的领导者、参与者、协调者等角色的定位	⊕
	数据协同	数据管理	我们采取建立数据中台或其他统筹协同的方式，来收集企业和生态体系内外重要信息和数据，我们清楚地知道在生态系统中共享哪些数据可以实现双赢，同时要保留哪些数据作为自己的专有优势	⊕
		数据分析	我们通过提高对数据的高级分析能力，推行敏捷开发与运营等技术手段，提高自己在生态体系建设中的竞争力	⊕
		数据应用	保持对行业内外通用技术的敏感性，保证与当前及未来行业平台的技术共容性与数据连通性，制定生态建设的技术与数据策略，确保其核心性（不可分享）与连通性（可分享）	⊕
	组织赋能	转型文化	数字化转型工作已经成为我们公司中长期战略规划的核心，并已经或者计划全面渗透到公司的各个业务流程中	⊕
		流程及制度	我们已经意识到传统行业边界的局限性，开始引入跨界的生态伙伴，并制定生态协同的产品与服务流程，为用户提供更完善与个性化的产品与服务	⊕
		组织及资源	我们有隶属于战略部或 CEO 办公室的 PMO（Project Management Office，项目管理办公室）来领导、落实和推进公司层面的数字化转型工作，衡量预设的阶段性目标并定期对标把脉	⊕

当前的最佳实践：

填写日期：

期待的最佳实践：

规划实现日期：

DIGITAL CUBE

客户价值转型能力柱

评估主体	评估类别	因素	描述	评估
客户价值转型能力	价值创造	价值设计	我们拥有一个与数字愿景和商业目标相一致的、差异化的客户品牌，我们的客户和合作伙伴充分理解和认同我们的品牌理念	⊕
		价值评估	客户认为他们期待的体验（包括数字化体验）与我们的品牌承诺高度一致，我们要求合作企业（如供应商、分销商等）的客户体验标准与我们的一致，并给予充分的支持和协助	⊕
		价值策略	我们完全了解谁是我们品牌的潜在客户，我们有成熟的沟通计划（我们会定期回顾），向潜在的和现有的客户推广我们的品牌价值，以建立与他们的情感联系	⊕
	数据协同	数据管理	我们建立了典型客户的数字化时代特征、数字化行为和数字化体验等客户画像数据模型，并基于数据建立跨业态的客户统一视图	⊕
		数据分析	我们通过数据监测、分析与挖掘，建立了完整的企业用户画像，我们对每一个用户都有深入的（普遍的）了解，包括评估他们的理性和情感需求、他们当前的环境以及他们的经济价值和忠诚度	⊕
		数据应用	我们在目标客户的决策链条上，通过模拟、界定、选择影响、接近、感动用户的新方式、新地点和新介质，有效地把控关键触点，更好地触达并服务于用户	⊕
	组织赋能	转型文化	我们始终认为客户的成功才是我们的成功，客户把我们的产品和服务的价值挖掘到位比达成销售目标更为重要	⊕
		流程及制度	我们明确企业数字化转型的品牌及市场战略，并依此确定了清晰的品牌定位及市场营销战术等，协助CEO完成了企业核心价值主张的制定	⊕
		组织及资源	我们重新定义企业的技术体系与IT架构，确保企业IT部门从成本中心到利润中心的角色变化，完成从单一运维到用技术变革赋能企业各业务部门转型的变化	⊕

当前的最佳实践：

填写日期：

期待的最佳实践：

规划实现日期：

运营转型能力柱

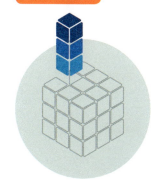

评估主体	评估类别	因素	描述	评估
运营转型能力	价值创造	价值设计	我们从成本控制、提高周转率、提升质量等运营指标优化方面建立价值主张，并通过产品和用户体验等方面赋能数字化时代的运营价值创新	⊕
		价值评估	我们通过定期的运营分析并根据内外部的数据反馈对阶段性目标进行跟踪评估和修正。运营分析的重要结论我们会公开透明地与全员进行沟通	⊕
		价值策略	我们有步骤、有策略地在运营中充分利用生态圈的加权效应来为客户创造价值	⊕
	数据协同	数据管理	我们运用数字化技术，从内外部的流程、活动等方面采集、整合数据，通过数据挖掘和建立特定的算法来为数据核心不断贡献优质运营数据	⊕
		数据分析	我们构建数字化供应链网络，利用数字化技术记录和分析从采购、生产到交付的端到端数据信息，全面实现了基于生产数据的闭环反馈（即从运营数据中获得提升产品或服务质量的洞察）	⊕
		数据应用	我们致力于利用数字化平台，打造高效流畅的运营体系，促使内部供应链与生态价值链高度协作	⊕
	组织赋能	转型文化	我们认为数字化技术正在改变企业创造价值的方式，并且我们正在运用数字化技术改进自己的运营体系，以便能够应对和适应业务的变化	⊕
		流程及制度	我们能迅速根据客户实时变化的需求展开动态生产规划并快速执行，通过数据分析和AI等成熟的数字化技术来挑战和改造现有的运营流程	⊕
		组织及资源	我们不断创新供应结构和生态，并且不断改进和外部伙伴（如联合研发、仓储、物流等）的合作关系，从而保持供应高效	⊕

当前的最佳实践：

填写日期：

期待的最佳实践：

规划实现日期：

DIGITAL CUBE

评估主体	评估类别	因素	描述	评估
产品转型能力	价值创造	价值设计	我们已经实现了对产品和服务的数字化管理，并极力赋予产品和服务数字化属性，实现数字化时代的"产品深度创新"	⊕
		价值评估	我们的数字体验正在慢慢取代实体产品成为产品价值的核心来源，我们的数字化产品直接或间接产生的收入增速已经超过传统业务	⊕
		价值策略	我们已经认识到提供"千人千面"的个性化产品与服务是数字化时代的未来趋势，我们基于数字核心为客户定制个性化的产品或服务	⊕
	数据协同	数据管理	我们的产品已具有智能互联的特点，可与业务生态体系的其他利益相关方进行数据联通与数据交换	⊕
		数据分析	我们注重在用户端，从产品概念设计阶段开始，充分进行用户数据挖掘、用户行为偏好分析，以保证用户终端数据的利用效率	⊕
		数据应用	我们注重通过共性技术（区块链、增强现实、语义识别、5G 等）的内部转化来赋能研发、产品设计与管理的智能创新	⊕
	组织赋能	转型文化	我们清晰地认识到产品与服务的数字化创新对企业数字化转型以及实现企业可持续发展与增长的重要意义	⊕
		流程及制度	我们有一个清晰的产品规划和开发流程，能够确保客户理解我们在产品和服务中植入的核心价值主张	⊕
		组织及资源	我们围绕体验设计出发、数据分析出发和反馈迭代出发三种典型的产品创新思维来构建整个产品和服务设计的方法论体系，并培养三种风格的产品经理	⊕

产品转型能力柱

当前的最佳实践：

填写日期：

期待的最佳实践：

规划实现日期：

评估主体	评估类别	因素	描述	评估
财务转型能力	价值创造	价值设计	我们能够快速、主动和灵活地应对业务创新带来的机遇和挑战，并基于新的商业模式，从成本结构、收入来源、投资效率和资金风险方面进行财务转型价值设计	⊕
		价值评估	在数字化转型中，财务部门不但对战略的确定和推动产生影响，还通过财务数据适时地评价、衡量战略和变革的阶段性目标的执行成效	⊕
		价值策略	在数字化产品和服务的概念设计和 MVP 阶段，财务部门会提供多业务场景的 ROI 分析并给出专业的投资规划建议	⊕
	数据协同	数据管理	财务部门主动使财务流程和数据管理流程实现整合和标准化，提升全公司数据的质量和应用转化率	⊕
		数据分析	加强财务数据分析、提升预测能力和加强对业务的前瞻性支持，洞察商业模式中有可能存在的创新机遇，并且能为此规划设计必要的数据模型	⊕
		数据应用	财务部门为管理层和业务部门提供数字化产品和服务，短期、中期和长期的业绩预测，并持续提高预测的准确性	⊕
	组织赋能	转型文化	我们对财务部门进行了新的转型定位，加强了财务数据分析、预测能力、对业务的前瞻性支持等创新能力建设	⊕
		流程及制度	对于提升企业的数字化能力，无论是收购新业务、技术和团队的尽职调查，还是直接进行投资自建，财务部门都提供洞察并且持续跟踪成效	⊕
		组织及资源	公司的 CFO 不是传统的财务控制与监管的角色，而是战略决策、数字化业务创新的核心领导者之一；财务人员是数字化产品的设计和创新敏捷小组中最活跃的成员	⊕

财务转型能力柱

当前的最佳实践：

填写日期：

期待的最佳实践：

规划实现日期：

DIGITAL CUBE

评估主体	评估类别	因素	描述	评估
技术转型能力	价值创造	价值设计	我们积极探讨新技术对行业数字化转型的价值，努力成为行业内互联网实践的领军企业，将企业层面的数据洞察转化为行业级的影响力	⊕
		价值评估	我们的商业模式和核心产品或服务的设计充分考虑到了通用技术的成熟时间和导入可能性	⊕
		价值策略	我们明确了企业数字化转型的技术路线选择，并依据路线规划，确定了各业务系统架构及具体技术导入的时间表	⊕
	数据协同	数据管理	公司数据的可用性水平很高，数据格式能够快速转换为有用的分析格式，我们的数据管理工具能够高效管理和分析结构化、非结构化的数据	⊕
		数据分析	我们通过大数据、云计算等技术打造企业数据分析平台，分析和深度挖掘企业的各类数据，对企业智能化决策与生产、网络化协同、服务化转型等提供支撑和土壤	⊕
		数据应用	我们可以根据业务和管理需求，准确构建各类数据应用方案、场景化解决方案以及相关数据应用系统	⊕
	组织赋能	转型文化	搭建和培养懂业务的数字化转型团队，推动形成围绕技术的创新文化，加快业务和数据或技术的融合是技术创新组织的首要工作	⊕
		流程及制度	我们有专门的团队来研究通用技术的转化、导入以及与公司商业模式和运营模式的对接（例如用 RPA 技术优化业务流程）	⊕
		组织及资源	企业信息化部门是企业商业模式和运营模式的核心设计者之一，而不仅仅是技术方案落地的执行者	⊕

技术转型能力柱

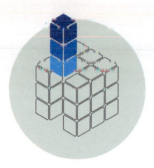

当前的最佳实践：

填写日期：

期待的最佳实践：

规划实现日期：

评估主体	评估类别	因素	描述	评估
人才转型能力	价值创造	价值设计	我们制定了从传统人才管理型（人力资源管理）变革为新时代人才体验型（人力资本管理）的 HR 转型目标	⊕
		价值评估	我们阐述了员工体验和客户体验的逻辑关系，把提升员工工作体验作为数字化转型评估的关键指标	⊕
		价值策略	为了明确由上至下的工作目标，我们制定了清晰的绩效管理体系，采用的工具包括 KPI、OKR 等，并且有相关激励措施和流程来驱动各级组织和各转型子项目的绩效达成	⊕
	数据协同	数据管理	我们非常清楚数字化转型在当前和未来等不同时期对各类数据的要求，能够深度挖掘组织经营数据及人员活动等各类数据	⊕
		数据分析	我们由上至下都基于对数据的搜集和分析来进行实时快速决策，并注重基于数据来验证假设和达成组织层面的共识	⊕
		数据应用	我们采用人工智能或神经科学等新技术手段，提高数字化人才招聘、选拔、培养的科学性和效率	⊕
	组织赋能	转型文化	管理层在很大程度上促进和践行了创新文化，重视设计思维、解决问题等核心方法论的培训，不断在为员工的创造力赋能，为他们取得成功提供帮助	⊕
		流程及制度	我们建立了企业内可共享的资源和基础设施构成的协作机制并制定了支持移动办公、在线讨论与决策，以及大规模协作的制度及流程体系	⊕
		组织及资源	公司能够按需迅速组建跨职能和多技能的团队来进行数字化协作，并在数字工作场所充分赋权，我们采用适当的技术治理结构来支持组织敏捷性，促使员工与员工之间更容易达成互动和协作	⊕

人才转型能力柱

当前的最佳实践：

填写日期：

期待的最佳实践：

规划实现日期：

魔方成熟度量表计分板

 填入每根能力柱在价值创造、数据协同和组织赋能这三层的分数，再合计每根能力柱的得分，最后得到一个总分。分值越大，说明数字化成熟度越高。

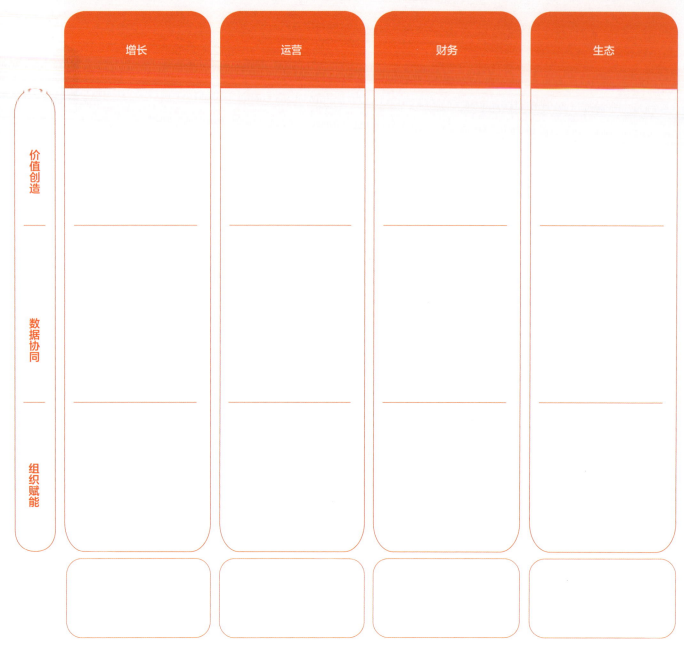

转型价值	技术	客户价值	产品	人才

02-3

成功企业面向场景的
1+N 数字化转型

了解企业当前的数字化成熟度，决定了企业开展数字化转型工作的发力点在哪里。通常情况下，企业的数字化成熟度和企业所在行业的整体成熟度有很大关系。

数字化成熟度较高的行业，例如金融和保险业已经在数字化各维度达到一定水平，企业在进行数字化转型时可以聚焦到具体的、细分的业务发展上。这类行业的企业数字化转型往往从体验入手，聚焦于产品、客户服务等转型柱，以提供极致体验为转型发力点。

数字化成熟度较低的行业，例如制造行业、化工行业的平均数字化支出和数字化资产存量水平很低，企业的数字化转型则需要优先考虑 IT 基础设施的投资和流程、系统的搭建。这类行业的企业

数字化转型往往从降本增效这一主题出发，聚焦于如何使用新兴技术、管理方式和运营手段去提高效率，获得持续增长。

天生就具备极高数字化成熟度的行业，例如互联网科技行业，企业的数字化转型将更多围绕着如何用数字化技术去实现使命的顶层设计这一核心价值轴展开，而转型或者说数字化进程往往聚焦于技术与生态等激发创新融合的能力。

各行业的数字化转型既存在共性，也存在明显的行业特征和差异。我们精心选择了极具代表性的美的、链家贝壳找房和中国铁路 12306 进行案例研究，现在我们就来看看它们是如何玩转数字化魔方的。

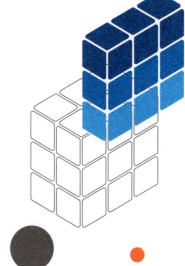

DIGITAL CUBE

02-3-1

降本增效

美的

作为企业数字化转型时最普遍、最根本的主题，降本增效通常由后台的财务和中台的运营两个体系触发，通过财务的分析预测、成本识别和对技术的投资回报追踪，推动运营流程实现自动化和智能化，最终驱动业务的创新增长。

数字化魔方口诀

财务战略触发—业财数据前瞻分析—内外协同—探讨新模式、新产品、新场景—优化增长模型—运用自动化与智能化技术—快速应对变化的策略—通过建立支持创新的敏捷型组织支持转型

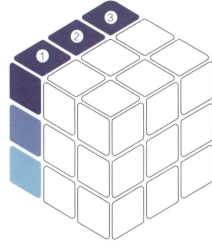

- 财务转型离不开新技术的应用，很大程度上与技术转型相关联。
- 运营转型可能会对核心价值主张产生一定影响，也可能推动客户价值转型和产品转型。
- 增长转型需要联动内外部资源，与生态、组织息息相关。
- 其他各类型的数字化转型，也有可能影响到后台财务与中台运营，从而触发降本增效转型。

▶ 设计
＞ 实现

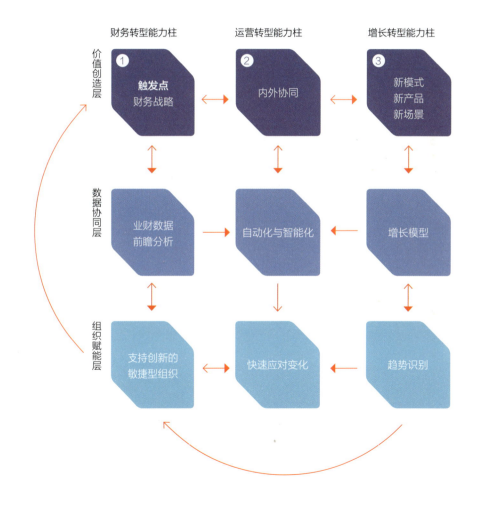

降本增效让美的实现新增长

从 1981 年"美的"商标正式注册算起,美的经历了改革开放带来的中国家电消费市场黄金时代,年营收逐年攀升,一跃成为中国白色家电制造巨头。2009 年,红利期结束后美的迎来阵痛:利润率三年持续下滑,甚至出现了增收不增利的情况。到了 2012 年,情况更加严重,不仅利润率继续下滑,营收也减少了四分之一。

对于任何一家企业来说,营收大幅下滑是盛极而衰的转折信号。正当各界质疑之声不绝于耳之时,美的迎难而上,开启了数字化转型之路。2016 年,美的年营收增长至 1598 亿元,仅在一年之后,这个数字爆发达到了惊人的 2419 亿元。

经过这几十年的发展,美的集团取得了今天的傲人业绩,其背后是顺应时代发展、主动进行数字化转型的战略选择。

2016～2019 年美的年营收增长

美的数字化魔方演变图

2013
一个美的,一个体系,一个标准
务驱动转型,打造集成业务平台,
实现业财一体化

2015
转型背后的架构升级
完成内部信息系统升级与
转型,使用自主研发软件

2016
是时候把效率提上来了
实现 T+3 模式,
效率得到最大化提升

2017
智能制造,智能产品
打造智能家居体系,
开辟第二赛道,实现持续增长

2019
共享开放才是数字化未来
成立美云智数,
发布工业物联网平台,
提供行业解决方案

DIGITAL CUBE

一个美的，一个体系，一个标准

2012年，创始人何享健把CEO的位置交给了方洪波。

方洪波1992年加入美的，从编辑这样一个文职做起，一路干到事业部总经理，再到子集团CEO，最后成为美的集团CEO。在2011年时，方洪波就已敏锐地察觉到集团管理的最大障碍根植于IT系统当中。

虽然在1996年美的就领先于行业，向Oracle购买并实施了ERP系统，但是恰恰是多年打造的IT系统形成了一个个互相无法联系的信息孤岛，例如整个集团存在大量的独立系统，同一领域也存在多套系统，单单是研发系统就有10多套。这就造成了系统没有集团的统一标准，系统间的数据也无法打通，最终导致运营效率低下的情况。

于是，经历了年营收和利润大幅下滑的2012年之后，"632"战略启动了——**在集团层面重新打造6大运营系统、3大管理平台、2大门户网站和集成技术平台**，取代原有的各部门IT系统，实现一个美的，一个体系，一个标准。

在实施过程中，美的持续投入了近30亿元，IT部门团队从100人扩张至1000人，最终为运营系统设置了2000多个接口，从空调和厨电事业部开始试点，仅用一年时间就完成了10个事业部的系统革新。

"632"战略实施总共历时两年，虽然速度如此之快的变革复杂度很高，但美的还是完成了这次企业内部的信息化重构。目前，**美的的IT系统主要使用自主研发的软件**，只有ERP和PLM采购自Oracle和PTC。这种不借助"外援"的自主变革工程烦琐程度可想而知，却也为之后美的对外输出系统搭建经验，为构建生态打下了最坚实的基础。

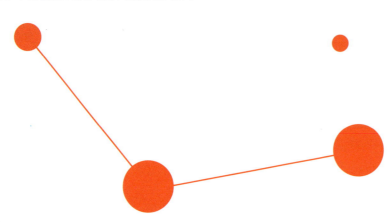

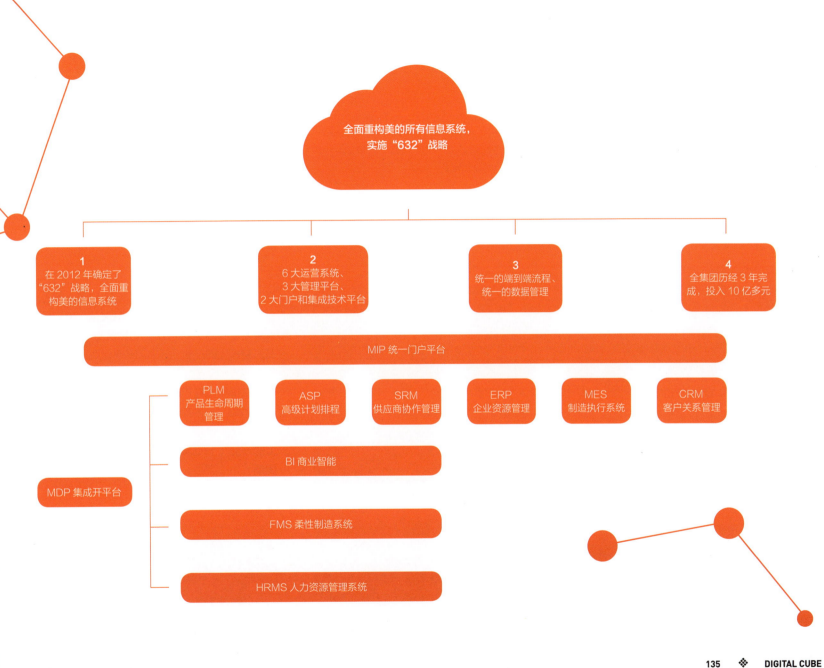

美的的财务转型能力柱

一方面,"632"战略的推行,对业务流程与创新产生了最直接的影响,而这种影响又与财务管理密不可分。美的的财务体系不仅快速、灵活地应对这一挑战,而且还主动整合财务流程与总体战略,为战略实施和往后的业务创新扫清障碍。

另一方面,美的在财务体系中建立了财务数据分析、预测机制,从而加强对业务的前瞻性支持。美的的财务体系虽然划分为集团层面和事业部层面,但两个层面的职责都是分析和监测月度经营目标、利润、现金流等基础绩效达成情况,同时还开展风险分析,如发现风险问题后还需要给出解决方案,最终赋能业务。

业财一体化
- 建立真实、有效的业务运营数据流程,且数据可追溯
- 业务数据可反映到财务报表中

共享财务
- 搭建专业化的高效财务共享平台,以支持业务的多样化
- 将财务人员从重复的基础工作中释放出来,从而转向财务经营管理

经营分析
- 精细化绩效管理与分析
- 建立标准和分层管理,使经营数据可视化

是时候把效率提上来了

在完成"632"战略后,如何**利用坚实的数字化基础来提升运营效率**,成为美的的新命题。

家电行业除了生产的上游产业链发生了变化外,下游的销售渠道也随着时代发生了转变。但是,无论是传统的线下零售,还是新兴的线上零售,"压货"都是经销商和代理商必需的操作方式:预估需求量并提前向上游购买产品,压下的货会在仓库储存,最终随着消费者的交易订单出货。

这种从上游生产到下游分销层层压货的模式,不仅效率很低,而且常常因为错误预判需求而导致库存不足或者货物积压,尤其是空调等这类受季节影响极大的产品,压货带来的问题尤为突出。为了解决"压货"问题,美的引入了**"T+3"模式**。和传统销售流程不同,"T+3"模式从消费者订单申报开始(T周期)倒推,以销定产,工厂开始准备生产原材料(T+1周期),然后生产制造订单上的产品(T+2周期),最后发货至消费者(T+3周期)。

美的的运营转型能力柱

"T+3"模式的应用,把订单管理、资源利用和研发制造等多个环节全部盘活,效率也大幅提升。同时,货物库存量大幅下降,新建仓储式工厂的占地面积也就随之下降,平均一家工厂的建造成本是原来的一半。

更重要的是,美的自主研发的智能立库系统,通过物流输送、人机交互、智能仓储三大核心技术帮助仓储式工厂每年节省大量的运营成本。

只有智能制造，才有智能产品

美的向"T+3"模式的转变，在提升运营效率的同时，也对后端制造的柔性提出了新要求。

比如，生产线上的一名工人可能在装配完需要"自动添加"功能模块的洗衣机后，接着的订单却恰恰是不要这个功能模块的洗衣机。因此，美的配套的数字化系统和流程也将帮助工人完成从传统大规模重复生产的工作模式，渐渐转变为**柔性生产模式**——装配时，货架会通过闪灯来提示工人挑选正确的装配零件，如果出现错误，在装配完成后的扫码检测中，工人将会得到报错提示。

工厂的智能化改造还不止于此。类似之前提到的生产过程中会出现的问题，有经验的质量检测人员可能在一年里可以发现并纠正上百次错误，而通过数字化技术的应用，数据识别可以在同一时间段检测出上万个异常值。

以 2018 年建设的美的南沙工业互联网示范基地为例，工厂已经覆盖了 5G 信号，同时 465 家供应商、上千种货物全部同步在系统中，美的成功建立了 2156 个预警规则和 20 个节，数字仿真技术帮助减少 55% 的检测成本，无缝连接各种制造设备，每一种产品的每一个生产流程都有精确到分钟的完成时间。对于一般的厂房而言，做排产计划需要 10 多个人，而对于南沙工厂来说，同样的工作只需要 4 个人就足够。

这样的厂房在美的越来越多，对比一下 2011 年和 2016 年的几个关键指标，可以发现美的的运营效率有了质的提升，2011 年近 20 万人，营收 1340 亿元，2016 年不到 10 万人，营收 1590 亿元。

美的的运营效率提升带来了增长

关键指标	2011/12/31	2016/12/31	增长
营业收入	1340 亿元	1590 亿元	19%
营业成本	1084 亿元	1156 亿元	6.6%
净利润	66 亿元	159 亿元	141%
净利润率	4.93%	10.00%	103%
员工人数	19.6 万人	9.6 万人	-51%
人均产值	68 万元	166 万元	144%
存货周转率	6.01 次	8.87 次	48%

2014年，美的确定并发布了"**智能制造 + 智能产品**"的发展战略。智能制造端主要体现在柔性制造生产产品，智能产品端则不断把技术革新带入业务应用层面，提供智慧家居的整体解决方案。

比如，每逢冬天，位于南方的消费者希望可以在下班回到家前提前开启空调暖风。这个业务场景意味着美的不仅要提供智能空调产品，还要提供配套的智慧家居 App，从而真正全方位地满足用户需求，在特定场景下给用户更好的体验。随着技术的升级，美的智慧家居已经陆续发布了智能网关、智能门禁和智能娱乐等产品，这些产品从芯片到云端架构再到终端全部由美的自主研发。借助完备的信息化系统，智慧家居已经连接了上千万台设备，实现了细分场景下的用户体验升级。

智能娱乐

智能娱乐由智能背景音乐和智能电视组成，满足你对于视、听的美好追求和享受。

智能阳台

智能阳台可以监控你的出入，当你进入阳台范围，智能洗衣机和智能晾衣架会自动开启，等待你的光临。这里还可以通过语音控制设备的开关，配合自动开启。

智能照明

家庭灯光可以通过 App 远程操控，通过预设模式智能开启，带给你最舒适的、最合适的灯光效果。

智能门禁

智能门禁系统可以使你通过室内外的可视对讲系统观察到访客，还可以通过手机 App 远程接待或生成临时密码开门。

智能安防

智能安防系统包括智能门锁、门磁探测器。支持人体红外感应器、烟雾报警器、摄像头、可视对讲系统等多种安防设备的组合与联动，满足家庭对于安全的需求。

智能控制

智能家电控制可实现家里所有电器都通过远程开启或关闭。即使出差在外也可以帮家人调节安全、健康舒适的家居环境。

智能睡眠

睡眠场景模式可以实现一键开启睡眠模式，灯光、音乐、空调、加湿器等设备统统听你一键指挥，配合智能手环和智能空调的联动给你带来最舒适的睡眠体验。

完整的生活场景解决方案

走向美的未来

美的的内部数字化转型投入巨大,在财务数据等标准上实实在在提升了企业运营效率,积累了第一手企业数字化转型的经验,加上其数字化系统多为自有,美的的数字化能力已经"溢出"——2016年11月,美云智数成立了。

作为服务外部企业并对外输出数字化转型解决方案的平台,美云智数跨行业提供包括智能制造套件、数字营销套件、供应平台套件、移动化套件、PaaS平台等在内的全价值链数字化解决方案,至今已经为汽车、房地产、消费品公司等近200多家企业提供服务,2018年整年营收达3.5亿元。同年,美的收购了全球机器人四大头部公司之一的库卡集团,进一步强化自动化生产推动制造业升级的体系,先人一步进入工业互联网应用层。

美的的增长转型能力柱

2018年10月,美的正式对外发布工业互联网平台M.IoT,联合库卡机器人、美云智数,以及包括腾讯、亚马逊、华为、百度等在内的头部企业,从最熟悉的家电制造行业跨入机器人自动化系统、数字化方案输出等新业务领域,打造入口生态、产品生态、技术生态、服务生态的全方位物联网开放平台,实现在数字化时代下的新增长。

降本增效
财务转型触发
增长转型设计
运营转型实现

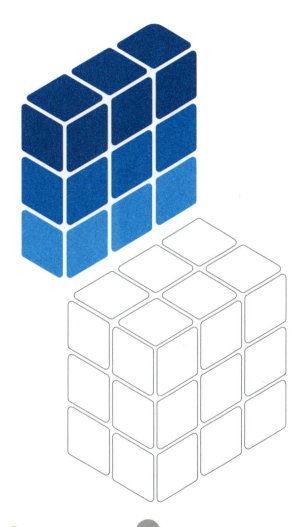

正是因为对数字化转型的坚持和投入,才有了美的的现在。可以预见,已是世界级白色家电智能制造巨头的美的,将因为强大的数字化能力继续走向更美的未来。

02-3-2

融合创新

LIANJIA 贝壳
链家

数字化转型的另一常见主题就是融合创新，这种转型包含核心价值轴与技术转型能力柱、生态转型能力柱的协调作用，常常以某项技术的创新应用为触发点。技术的创新带来核心业务的重构，进而影响核心价值轴，核心价值主张的变化又引发了企业对内外部生态的重新设计，达到创新融合，以开放共生的生态带来持续的创新与进步。

- 生态转型是企业数字化转型向外部延伸与拓展的开始，集合各个转型能力柱的力量，才能完成生态体系的建设

▶ 设计
▷ 实现

数字化魔方口诀

技术创新触发—转变核心业务与理念—对技术赋能数据挖掘与积累—建立开放共生的生态体系—生态伙伴的数据共享与扩大—建立统一的数据资源中心—深化数据思维与创新文化—通过开发应用平台与技术驱动型组织支持转型

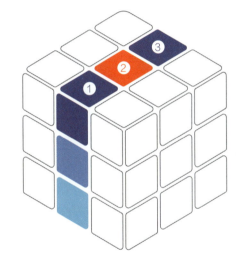

- 技术价值转型往往是很多企业数字化转型的触发点，技术的进步与数据的积累和核心数据资产的打造密不可分
- 技术的转型也是其他职能部门进行转型的一个重要基础，新的技术往往带来产品价值的转型
- 转型价值轴的中心地位往往会改变企业的核心价值主张与业务模式，并带来企业整体各个职能部门的转型

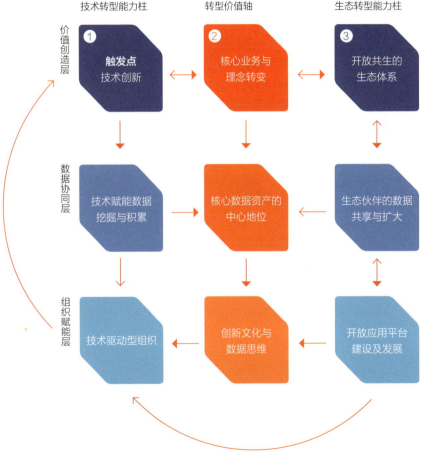

融合创新中的链家

1998 年,国务院颁发《关于进一步深化城镇住房制度改革加快住房建设的通知》,明确了城镇住房的市场化、货币化、商品化改革方向,停止了持续已久的"实物分房",标志着以市场为主的房屋供应体系正式建立。

同年,生于 20 世纪 70 年代的左晖刚从软件公司辞职,与两个大学哥们一起开始了第一次创业。这次创业经历不仅给他带来了一笔可观的金钱回报,也为其日后创立链家积累了丰富的经验。三年后,而立之年的他发现,自房改后,北京个人购房需求迅速增长,对应的购房中介与平台服务却远远无法满足需要。

2000 年,左晖成立了北京链家房地产展览展示中心,第一次在北京军博举办了房展会。看着从四面八方蜂拥而至的人们,左晖心潮澎湃,这让他看到了房地产市场的巨大潜力! 2001 年,链家第一家门店开业,总投资额不到 300 万元,第一批员工总计 37 人。

本着让购房者更简单地买到房子的初心,链家第一个推出二手商品房按揭业务,而后又第一个推出二手房交易资金托管业务、个人租房消费贷款业务。2004 年,链家率先提出"第三方签约,不吃差价"的准则。也是在这一年,链家在北京站稳了脚跟,开了 30 家店,拥有 200 名员工。

坚持创新和相信技术带来变革的信念,使链家从诞生之初就和其他同行不太一样。此后的十几年时间里,房产中介行业更是刮起了"链家"风暴。

链家数字化魔方演变图

2008
"楼盘字典"诞生
为每套房源建立
独一无二的 ID

2011
线上线下一体化
链家线下门店与链家在线
一体化

2014
升级链家网
链家在线更名为链家网，
线上线下融合加深

2018
推出贝壳找房
搭建 ACN 经纪人合作网络

2020
构建新居住生态
凭借核心数据与技术的优势，
为生态伙伴赋能

真房源，让每个人在链家愉悦地找到一个家

对于多数人来说，买房子是人生中单笔消费额最大的一次"购物"，如此重要的交易，购物体验却一塌糊涂——总是很难了解到真实的房源信息。而对于链家的房产经纪人来说，所卖的房子是"大宗货物"，但他们自己也并没有百分百了解货物的真实状况——内部的信息共享标准和机制不完善，即便面对同一个房源，不同的经纪人所掌握的信息也各不相同。同时，对于业主来说，明明自己是卖方，但对自己的房子"知之甚少"——搞不清自己的房子有哪些卖点，在市场上的竞争力怎么样。

于是，上游的业主、下游的卖方和中间的房产经纪人三者之间矛盾不断，房产中介行业存在黑色利益链的舆论也一直甚嚣尘上。

房源信息成了解决这一问题的关键。2008年，链家董事长左晖决定不计成本投入对"楼盘字典"的开发和打造，从根本上解决重复房源和虚假房源的问题。

"楼盘字典"为每套房源建立了独一无二的ID，链家经纪人每拿到一个房屋的销售委托，就需要在"楼盘字典"里创建房屋条目。如果该房屋已经存在，经纪人需要进一步丰富原有信息。从此，买卖双方的房源信息差终于被终结。

链家的转型价值轴

自2001年成立以来，链家一直以提供安全有品质的房产交易服务为核心价值主张，真房源甚至一度成为链家在房产中介行业里的代名词，而这也全部得益于"楼盘字典"这一核心数字资产的积累。

2014年，链家成立数据中心，负责链家数据管理体系、数据标准化的建立。到2019年，"楼盘字典"经过10多年的沉淀，已经今非昔比：对房源的信息管理，最早仅有几个客观的基础标签，如今高达300多个字段；对房源的信息记录，早期全部依靠经纪人走街串巷手写登记，如今通过"蚁巢"智能采集系统大数据实现房源全周期管理；对房源的盘点，已收纳真实房源突破1亿套，数据量高达1200TB。

技术驱动业务创新

作为中国最早向互联网转型的传统企业之一，链家的转型决策也许与创始人的个人背景有关。

左晖本科专业是计算机科学，早年有软件公司的工作经验。他很早就意识到未来**建立标准化、流程化的业务模式是发展的必然方向**，因此在IT系统方面不断投入，引入了SE（Sale Efficiency，系统平台），让经纪人可以实现房源录入、交易过程管理等操作，同时公司也能从后台对整个过程进行风险管控和监督。这为后续数字化变革打下了坚定的基础。

2009年对于链家来说注定是载入史册的一年。经过八年的发展，链家在全国开出了520家线下店面，经纪人数目从开始的两位数极速增长到过万，在北京，链家已经成为拥有门店最多的地产公司，但左晖看到了更远的未来。当年3月，彭永东作为IBM咨询顾问第一次走进链家总部，当时的他完全没有听说过这么一家企业，更没意识到这样一次选择会在之后给他和链家带来多么大的影响。2010年，链家正式宣布与IBM结为战略合作伙伴。链家花费5000万元，支付IBM三方面的咨询费用：服务价值、销售和运营的转型、组织人才的战略。

在与IBM合作进行战略转型的同年，链家内部就成立了新事业部，负责线上的全产业链房产服务平台——"**链家在线**"（后来叫"链家网"），由彭永东亲自挂帅。现在看来，这便是所谓的"**PMO**"——**变革项目管理办公室**。这种自上而下的数字化变革，配合企业核心资源的整合，易于落地、见效快。2013年，在互联网平台上线仅仅四年之后，来自链家网的业绩就占了整个链家收入的24%。

全渠道、全流程接触点升级

链家在数字化转型初期，和上一代互联网转型时相比，算不上腾笼换鸟。房地产业的黑色标签仍然是大众的普遍印象。因此，在2010年链家网上线的同时，链家同步推出了"真房源行动"，举报人每有效举报一套假房源会得到100元赔偿。行动第一年，链家就赔付了40多万元，直到今天链家还一直执行着这一承诺。

2012年初，链家将真房源行动扩展到全渠道。据链家渠道负责人回忆，当年全渠道房源刚铺出去的时候，因为"真房源行动"导致房源数量减少，同时真实的平均房价又高于同行，链家的电话咨询在第一个月就下降了30%。就是在这样的摸爬滚打中，链家准确找到了用户的痛点——"找房难""选经纪人难"。通过线上打破信息黑箱，结合交互式全渠道布局，线下实体店与经纪人的服务质量被"倒逼"提升，带来了用户体验的又一次大升级。**这就是O2O概念首次在房地产行业进行实践的例子**。在这之后，良好的用户体验为链家建立了口碑，链家网流量也随之飞速增长。在2015年，由于流量激增，链家"被迫"升级了呼叫中心，与Genesys合作部署了数字渠道，包括自助服务和报表分析等工具应用，提升其运营效率。

服务型管控——线上线下的融合剂

随着链家网变革的深入，挑战也接踵而来。

比如，在开展真房源行动的时候，呼叫中心的来电数量曾在前几个月有了显著的减少。是呀，房源信息无论是好是坏你都公布在线上，线下要如何劝说买房者？劝说的本事本身就是很多"聪明"经纪人的核心能力。于是在2010年到2014年线上线下不断融合的时间里，经纪人打擦边球的情况层出不穷。对此，链家的态度非常明确：严格执行经纪人"红黄线"制度，发现违规行为立刻严惩。这些制度就像是一把无形的剑悬在经纪人头上，渐渐地，一些所谓的"聪明"经纪人离开了链家。但是，为了维护企业价值观和文化，彻底把这场变革进行到底，链家在2011年就决定不招同行。

作为O2O平台，链家很早就意识到公司核心竞争力之一就是经纪人。那么除了制定规则、执行规则、使员工在规则的框架内做事，链家还需要同时把经纪人当作客户，想方设法服务好他们，这样才能吸引最优秀的经纪人。除了提高经纪人薪水，建立完善的培训体系，**链家的服务性管控更体现在将一切规则连接并置于线上。**

传统的经纪人评价多数在交易完成后。但这样的评价有滞后性，同时方式也非常烦琐。于是链家开始在客户和经纪人交互的时候建立接触点与记录。举个例子，当一个经纪人的单次带客户看房服务结束后，链家会继续关注该客户的下一步行为。如果该客户又开始在线上找新的经纪人咨询，那么说明上次的带看大概率是失败的。**所有服务的记录都会影响经纪人在线上获得资源的机会**，彭永东曾这样说过："当然，我们可以基于数据的分析告诉这个经纪人，你的问题在哪里，哪项指标下来了，尽可能降低经纪人被降权的概率。"

链家的技术转型能力柱

很多传统行业都有一个通病——没有数字资产的积累，换句话说就是没有数据。2009年，还是IBM战略咨询顾问的彭永东就带领咨询团队帮助链家建立了一套核心管理、运营、作业方式的标准化流程。同年，链家花费百万元采购数据存储服务器硬件，搭建IaaS系统承载业务流程与数据。

在搭建数据基础架构和系统的同时，链家建立了数据采集团队，开始核心数字资产的累积。目前，贝壳找房专门有一个2000人的产业研究团队，负责持续的输入与数字化基础设施与架构优化。从2018年到2019年，贝壳找房分别与亚马逊AWS和腾讯云建立合作关系，上传云数据。

有了核心数字资产的积累，如何挖掘和使用数据便成了最大的难题。在这个信息爆炸的时代，一天的数据记录超过了20世纪一整年的数据累积。用户需求也更加碎片化、个性化、易变。链家通过共享各事业部数据，创造了数据自由流通的优良分析环境。于是，各部门基于业务层面对客户需求的挖掘在数据挖掘层汇聚出了不少产品，包括房源画像、用户画像、经纪人画像等。随着硬件的迭代和算法技术的更新，更加强大的数字中台将支持前台业务越跑越快。

除了内部成立数据分析部门加强核心数字资产的应用外，链家还积极寻求外部合作。2016年，链家与GrowingIO公司合作，借助外部力量对用户的线上行为数据进行监测、追踪、分析。举个例子，原先经纪人通过接电话与潜在客户联系，有的经纪人会在联系上客户后把客户发展成为"私客"。这样一来，单次电话成本会非常高，并且用户的行为难以后续追踪。GrowingIO通过给每个经纪人一个二维码，并将其与PC端数据库中经纪人的唯一ID关联，帮助用户直接利用扫码跳出的网络页面拨号。就是这个小小的二维码与数据库串联不仅成功帮助链家达成85%的用户App行为追踪，而且还实现了对经纪人发展"私客"的管控，从本质上提高了业务匹配、周转、管控效率。

另外一个例子是"贝壳分"信用体系的建立。2018年，贝壳找房不仅沿用了线上线下融合的服务性管控，还发布了新的"贝壳分"信用体系拓展这样的模式到门店与品牌。配合制度化的红黄线规定，任何业务上的专业行为都被最大化记录、量化在系统里。这从根本上规范了经纪人的行为，大大提升了经纪人服务的专业性。举个例子，诸如"说脏话"这样的行为一旦被用户投诉，将会按照制度直接扣分，而在信用分算法中被计入算法模型的本次扣分也将影响经纪人下次的房源获取。简单来说，经纪人的服务行为在数字化系统里会直接影响其未来获取公司内部资源的机会。在未来，经纪人—门店—品牌，三方的贝壳分数字化协同将衍生更多数据，使多方的匹配更加高效、准确，让用户体验越来越好。

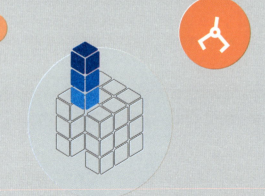

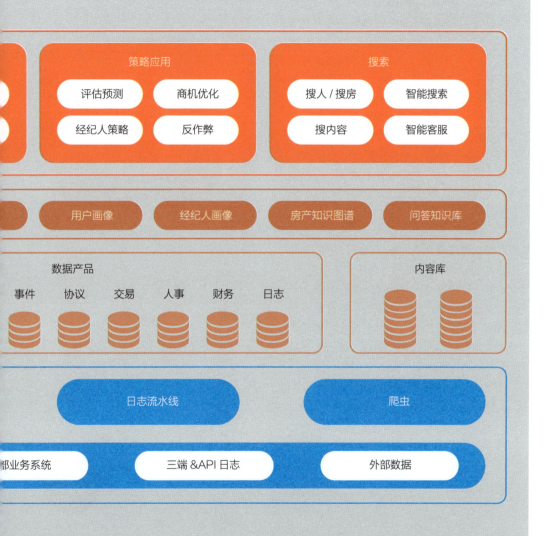

用户体验与企业运营效率的相互驱动

随着中国企业的转型升级,"以客户为中心"的理念被越来越多的企业接受。特别是在市场竞争日益激烈、经济大环境艰难之时,客户忠诚度将决定企业的发展状况。链家核心数字资产"楼盘字典"中的大多数信息都是经纪人走街串巷"数"出来的。

截至 2020 年,一套房屋由 400 多个维度描述,并且每套房屋在数据系统中都做出了相应记录。链家每年因为数房子要多花上千万元,这种方法看上去又"贵"又"笨",然而实实在在地解决了客户找房难的痛点。同时,来自线上线下的用户体验提升为链家坚持数字化战略打了一针强心剂。此外,配合"真房源行动",链家运营效率也有了显著提高。举个例子,多渠道、多触点与用户的交互帮助呼叫中心积累了大量经验,基于包括 App、微信、社交媒体的交互式记录与 CRM 等系统接入和协同的多次迭代升级,无论是系统稳定性还是用户转化率都有了提升。

这种**由单点发力进行的用户体验提升**,继而带来的企业运营效率提高并不是一次性的。这种相互驱动是多次螺旋式上升的,最终为企业带来指数性增长。

贝壳找房，新居住新生态

2018年，贝壳找房借势而生，继续坚持核心价值，挖掘AI、大数据、云计算等前沿科技的潜力，致力于成为以技术驱动的品质居住服务平台。贝壳找房对外这么描述其愿景："将覆盖全中国超过300个城市，服务超过2亿社区家庭，链接100万职业经纪人和10万家门店，赋能超过100个品牌。"

经纪人合作网络（Agent Cooperation Network，ACN）的建立，通过定义角色，清晰拆分了一次完整的房源交易流程——多种角色（业主开发者、现场信息录入者、客户开发者、最终成交者等）在房源信息充分共享的条件下共同"合作"而非传统式"竞争"一套房屋的一次完整交易过程。每笔交易成交后，经纪人将按照各自角色分得属于自己比例的分成。

这种模式首次给出了房源、客源、经纪人利益冲突下的解决方案，通过贝壳找房大平台的生态建设规范了市场，实现了高效率资源匹配，优化了每一个参与者的体验，打破了房产领域的信息孤岛，使网络效应达到最大化。

正如前文所述，数字化时代云服务使边际成本无限接近于零，你可以零成本进入平台，接触海量客户，实现规模经济，达到边际收益的无限递增。

这张由房、客户和经纪人组成的网络，推动了信息的高速流动，达到了传统房产中介无法想象的效率。

比如，远在北京的客户可以通过ACN系统中加盟商的网络协作获得足够信息，签约远在海南的房子；又比如，ACN系统可以通过数据分析为客户匹配最合适的经纪人；再比如，ACN系统配套了"贝壳分"信用体系，服务不好被投诉的经纪人会被在线记录，其在下次的房源获取中也会相应受限……借由ACN系统，一个良好的房产交易生态体系得以建立。

贝壳找房的生态建设并未停留在房产交易这一领域，其触角正在往更广泛的居住全生态领域延伸。如视VR系统凭借自己积累的VR数据库资源不断迭代，以达到优秀的成像效果，手持普通相机或者手机的普通客户都可以参与进来。而拥有了核心技术的如视更是和房产、家居、酒店等领域的包括万科、红星美凯龙、链家、自如、同程艺龙等品牌合作，在获取数据的同时赋能更多生态伙伴，完善自身生态体系建设。

这一切都指向了一个共同的目标，建立一个以"新居住"为概念，涵盖更多合作伙伴的生态体系。

经纪人合作网络的基本逻辑

	贝壳找房：从垂直领域到平台 （ACN 经纪人合作网络机制）
业务	二手房、租赁、新房、装修、社区服务等全居住场景
客户	从个人购房者到经纪人、卖方、买方的全覆盖
体验	挖掘前沿技术，引入 VR 看房，建设 VR 看房库
技术	大数据分析建立用户画像，将最为合适的客户匹配给相应的经纪人

网络效应最大化，基于规则建立信任，进而推动信息的高速流动

链家的生态转型能力柱

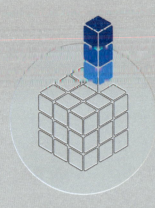

贝壳找房的 ACN 系统将竞争逻辑转为了共生逻辑，通过积累的数据资产以及技术，将经纪人、买方和卖方涵盖在一张合作共生的网络中，将体系开放给更多的利益相关者，以达到网络效应的最大化。

同时，贝壳找房的生态并不仅限于房产交易领域，通过与家居、酒店、房产、社区门店等"新居住"概念下的合作伙伴联手，凭借核心数据与技术的优势，贝壳找房得以为生态伙伴赋能，携手建设一个面向未来的新居住生态体系。

融合创新
价值主张设计
技术转型实现
生态转型发展

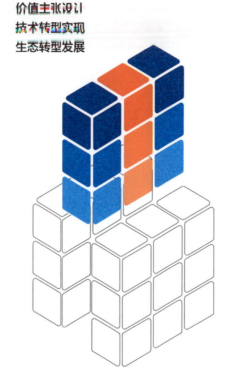

链家的数字化转型始于对"真房源"这一概念的追求。凭借对核心价值主张的坚持，链家通过对数据核心资产的应用和对技术的挖掘，以"楼盘字典"创新地解决了行业顽疾，成为行业标杆。

而后推出的贝壳找房更加注重生态体系的建设，它以合作共赢为逻辑，将经纪人、买卖双方等利益相关者涵盖在平台内，以实现网络效应最大化、效率最大化和体验最优化。相较于行业内其他企业，贝壳找房的数字化成熟度更高不言而喻。未来，通过与其他行业内合作伙伴的融合创新，贝壳找房将朝着更深入的"新居住"理念发展，一个覆盖更广、联系更紧密的居住生态正在逐渐形成。

链家贝壳找房的数字化成熟度 vs. 行业平均数字化成熟度

行业现状

企业缺少必要的以数字化为中心的战略方向，领导层大多没有数字化思维

极少数几个部门具有数字化方法论，这些方法论仅处于该部门少部分业务的应用阶段，无法协同企业业务累积有价值的数字资产

大多数字化技术与工具停留在此层面，由员工个人自行积累的数字化转型相关知识和经验，较少得到总结，难以形成规范化的流程在企业内推广，更无法形成创新文化

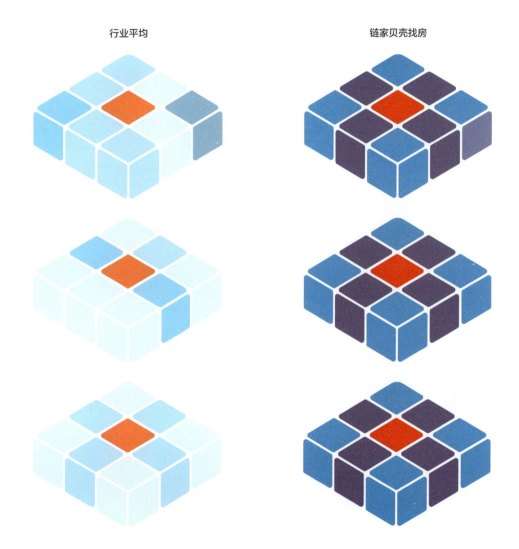

02-3-3

极致体验

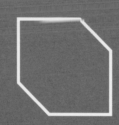

中国铁路 12306

极致体验是最重要的数字化转型主题之一，通常由客户价值（外部客户，甚至是内部客户）触发，为了提升客户新的价值感受，设计新的客户应用场景，并且通过产品转型实现这一变革。此外，企业还必须进行内部组织和人才转型，才能够充分地支持产品创新和客户价值的实现。

数字化魔方口诀

客户价值创新触发—客户行为数据管理及分析—产品创新—人才管理创新（组织管理创新）—经营及组织数据分析—总体的技术及数据方案设计—客户主导部门及相关组织能力提升—建立产品全生命周期的管理机制

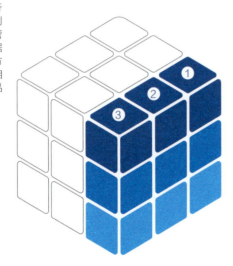

- 客户价值将会影响到企业的核心价值主张，进而可能对商业模式产生较大的影响
- 产品转型依赖于技术转型，也会与生态转型相关联
- 组织转型与运营转型及财务转型相关
- 其他各类型的数字化转型，也有可能影响到客户体验，进而触发极致体验转型

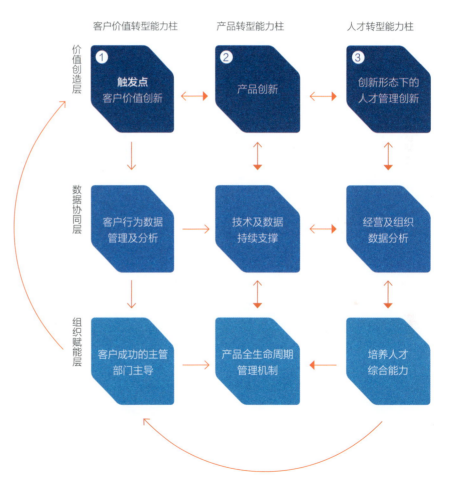

12306 的极致体验转型之旅

当詹天佑设计规划京张铁路时,他也许并没有想象到铁路与火车会如何改变中国人的生活。当四通八达的铁路网覆盖 90% 以上的人口,串联起人们的就业、探亲、求学、旅游的异乡之旅时,当我们骄傲于中国发达的铁路网络时,买票难成了阻碍数以亿计中国人拥有美好铁路体验的一道紧箍咒。除了供需紧张这一客观因素外,滞后的铁路售票系统成了矛盾的焦点。

中国铁路售票系统确实一直在改善,从手工售票转变为计算机售票、从车站独立售票转变为全国联网售票;创新了售票组织新技术,实现了列车席位的共用和复用;设计了铁路客流预测模型,实现了以客流预测为基础的票额动态智能预分。然而,庞大的乘客体量、春运出行高峰、滞后的服务等,这些因素使得单一局部的技术进步仍然无法解决买票难这一难题。

随着互联网的普及,前沿技术如大数据、云计算的发展,数字化体验改善了我们日常生活的方方面面,它是否也能改变买票难这一历史难题呢?答案离我们并不远。

2011 年 6 月,12306 中国铁路客户服务中心正式诞生。买票,伴随着火车的轰鸣,被数字化技术拉入了互联网时代。

12306 数字化魔方演变图

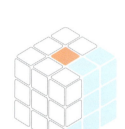

2011
让排队买票成为历史
12306 上线,中国铁路进入互联网售票时代

2014
产品优化与迭代
12306 完成第一次系统升级,手机客户端上线

2015
看不见的系统升级与
看得见的体验改善
12306 进入"云架构"时代，
完成混合云架构升级，算力大增

2017
全链条数字化服务体验升级
12306 增加订餐、刷脸进站等
附加服务，员工体验改善

2020
再见黄牛，再见纸质票
风险控制增强，黄牛绝迹，
电子客票上线

DIGITAL CUBE

在谩骂中顽强成长的12306，让彻夜排队买票成历史

2011年12月30日，12306开始发售春运列车车票，系统设计售票能力为100万张/天，极限交易能力为34张/秒，铁路售票正式进入了互联网时代。但在2012年春运的实际售票过程中，最高点击量超过10亿次，远远超出平台设计指标，造成平台多次宕机、崩溃，用户频繁登录不了、点击不了、支付不了……最终只能去火车站或代售点排队买票。

企业化运营，从重视用户价值开始

2013年，铁道部开始政企分离。12306归属中国铁路总公司后，其发展开始更加以企业化导向为主，而**企业化运营的第一步就是必须重视用户价值与体验**，因此提高售票系统的效率成为12306要面对的第一个关卡。

12306秉持开放的态度，开始与多家IT公司联系，经过多次论证和POC测试（Proof of Concept，概念验证，一般在进行产品选型或实施项目前开展的一种验证工作），最终引入分布式内存运算数据管理云平台——Pivotal Gemfire，余票计算系统处理能力从原先的300~400 TPS扩展为3000 TPS，系统售票能力从100万张/天拓展为500万张/天，极限交易能力从34张/秒提升到300张/秒。2013年春运期间，12306网站最高日售票量达到364万张、极限交易车票量突破设计值，达到450张/秒，系统运行稳定。

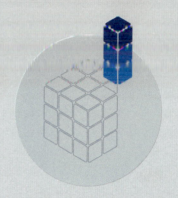

12306的客户价值转型能力柱

铁路售票系统与客户服务系统，长期以来一直致力于票务系统效率的提升，希望售票的速度可以与中国铺设铁路的速度并驾齐驱。而直到12306平台上线，这一问题才真正有了质的突破。

互联网打破了时间和空间的限制，串联起遍布全国的乘客、车站和网点，这张纵横交错的网，真正做到了"让更多的人买到票"。作为公共服务领域的企业，12306并不会面临普通企业的竞争压力与营收压力，然而，12306仍然选择重视客户价值，以"尽可能让更多的人买到票"为价值理念，开启了中国铁路客户服务系统更多的改革与转变。

优化产品，才是留住用户的最终答案

随着 2013 年"十一"黄金周的到来，12306 互联网最高日售票量达到了 460 万张，再次接近系统处理的上限，由于高峰期外网入口带宽紧张，12306 再次出现卡顿和无法登陆的情况，首次升级的系统性能已不能满足互联网售票量进一步提升的需要。与此同时，2013 年出现的一大波抢票软件更加剧了 12306 网站的堵塞。猎豹浏览器首先推出了"春节抢票"插件，火狐、360、搜狗、傲游甚至人民网旗下的即刻搜索也顺势跟进。猎豹浏览器被铁道部约谈，同时工信部也要求这些浏览器停止提供抢票插件。虽然这些浏览器最后没有被真的封杀，但 12306 对它们都进行了屏蔽。

显然，传统的行政命令无法适应多元化的互联网市场竞争情景，12306 团队必须优化自身产品，才能留住用户，满足用户。2013 年底，12306 团队紧急启动第二轮架构优化，优化目标旨在提高系统的安全可靠性，以及具备在高峰期处理容量的弹性扩充能力。优化工作一直持续到 2014 年 7 月，在亿万旅客的翘首期盼中，12036 平台终于优化完毕，优化后的系统设计售票能力为 1000 万张 / 天，并可根据需要随时扩充性能。

自此之后，12306 平台再也没有出现过大面积、长时段的宕机和崩溃。而从 2015 年开始，互联网售票占铁路总售票超 5 成，12306 平台正式成为旅客出行购票的第一选择，旅客彻夜排队买票成为历史。

2015 年春运高峰时段，实现单日最高售票 564 万张，售票速度最高达 1032 张 / 秒

2016 年
实现单日最高售票
643 万张

2017 年
实现单日最高售票
933 万张

2018 年
实现单日最高售票
1382 万张

2019 年
实现单日最高售票
1282 万张

2020 年
实现单日最高售票
1443 万张

客户体验转型的技术赋能

第一次升级后的系统具体改善如下：

1. 使用内存计算数据库取代传统数据库，大幅提升车票并发查询能力。

2. 构建交易处理排队系统，系统先通过队列接收用户的下单请求，再根据后端处理能力异步地处理队列中的下单请求，队列的下单请求接收能力超过 10 万笔/秒，用户可以在售票高峰期迅速完成下单操作，等候系统依次处理，等候过程中可以查看排队状态。

3. 对订单/电子客票进行分节点分库分表改造，有效提升了核心交易的处理能力并具备了继续横向扩充的能力，使用内存队列中的订票请求可以得到更快的响应和处理。

4. 对订票、取票操作进行了业务分离，对订单/电子客票生成和查询进行了读写分离，使用内存计算数据库集中存储订单/电子客票，大幅提升了订单/电子客票的查询效率。

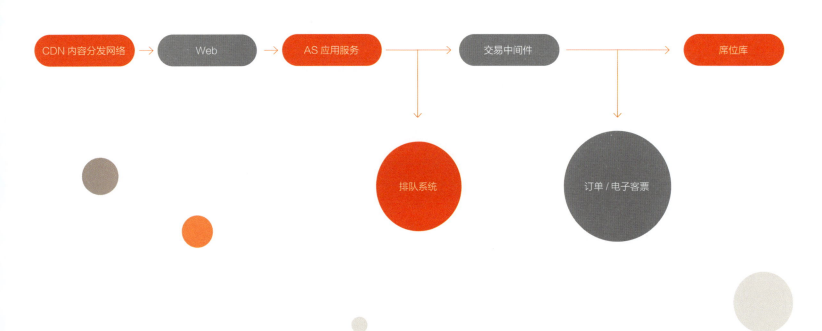

第二次升级后的系统具体改善如下。

1. 构建了用户和常用联系人内存查询集群，由用户数据库向集群实时同步数据，并实现了读写分离，提高了相关业务的处理性能和可靠性。

2. 构建中国铁道科学研究院第二生产中心，与既有的中国铁路总公司第一生产中心间实现双活，正常情况下双中心双活模式运行，其中任意一个中心发生故障时可由另外一个中心承载全部售票业务，提升网站的安全性和可靠性，并将订单/电子客票集群的处理能力提高1倍。

3. 在公共云上部署车票查询服务，通过策略配置可随时将车票查询流量分流至公共云，以缓解售票高峰期网站的处理资源压力和带宽压力。

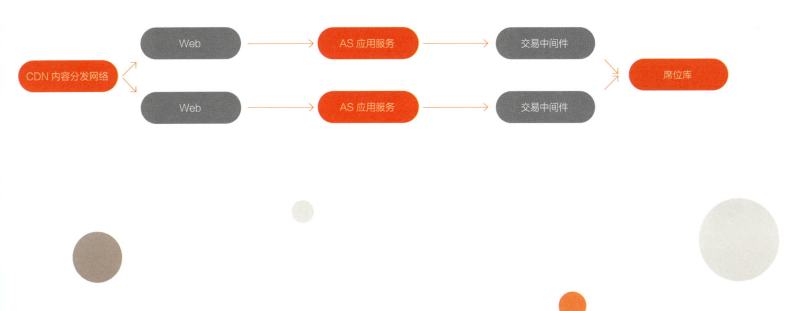

12306 的产品转型能力柱

数字化时代的产品转型，是赋予传统产品数字化属性，提供数字化服务与体验的过程。作为公共服务行业的龙头，12306 的转型也在朝这一方向进行。不管是购票、改签，还是取票、进站，抑或是目的地接送，12306 的全链条覆盖使得产品的数字化程度不断加深，同时提升了用户体验。

12306 的产品——"全链条数字化服务体验"

购票难
- 90% 的购票通过线上实现，彻夜排队买票成为历史
- 防止黄牛围票，2012 年起实行火车票实名制制度
- 防止机器刷票，5%～10% 的热点线路需验证码人工验证
- 控制退票返库时间，退出的票随机放出，防止黄牛退票后马上抢票
- 设计后台冲突判断机制，同一身份证不能购买不同行程车票
- 对购票行为异常的账户、地址等进行大数据分析，实施风险防控措施，新增候补购票功能，屏蔽所有刷票网站，让黄牛绝迹
- 推出移动端，接入支付宝、微信支付等多种线上支付手段，购票更便捷

退改签难
- 推出线上退票业务
- 推出线上改签业务
- 推出线上变更到站业务

取票、进站难
- 全国火车站设置数十至数千台自动取票机，方便乘客取票
- 热点城市火车站设置人脸智能识别机器，快速进站
- 推出电子客票服务，凭身份证或 App 二维码即可进站上车
- 推出网购车票快递服务
- 推出休息厅接送服务

乘车难
- 推出火车外卖服务
- 上线高铁自营实时点餐服务
- 60 岁以上的老人在车票富余情况下优先安排下铺
- 推出接续换乘服务
- 提供正晚点查询功能
- 多人同行在车票富余的情况下自动分配相邻座位

目的地
- 推出约车服务，解决用户出行"最后一公里"的难题

人脸识别，用户与员工的双重体验提升

2017 年，随着余票查询、网络排队等制约 12306 互联网售票平台发展的顽疾得到逐一解决后，春运彻夜排队买票成为历史，12306 团队开始把注意力转向进一步**优化进站出站体验**上，这一次的体验提升，不仅包括乘客，也包括了员工。

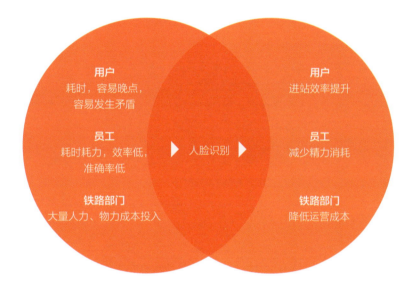

随着人脸识别技术的发展，12306 团队终于找到了解决这一难题的方法：通过在进站口设置人脸识别机器采集人物实时图片信息，系统后台对采集的照片进行人物特征提取，并与身份证照片人物特征进行对比，确定车、票、人一致后自动放行进站，这样就可以大大提高进站效率。经过数十次算法改进与系统升级，机器识别率最终被提高到 99.8%，原本需要 10 秒的人工检票操作，人脸识别机器只需 1 秒即可，从此之后车站进站口再也没有出现过大排长龙的现象，旅客随到随进，大大节省了旅客的进站时间和车站人力、物力的投入。

外卖上火车 ——"逛吃逛吃"的服务体验提升

在火车外卖出现之前,对于长时间坐火车的旅客来说,车上就餐成为每个人心中的痛:一方面,火车上的盒饭价格贵、质量差又难吃;另一方面,如果选择自带食物,只有方便面或面包等寥寥无几的选项,想要吃一顿热气腾腾、营养美味的饭菜是如此的不切实际,更不用提广大"吃货"们所追求的边坐火车边品尝沿线地方特产的"逛吃逛吃"梦了。

随着美团、饿了么、百度外卖等外卖平台的高速发展,以及网络订餐技术的逐渐成熟,引入社会餐饮资源,丰富铁路供给餐食种类与品质,创造铁路线上的特色餐饮成了12306下一步的体验提升方向。12306团队采用数据库读写分离、大规模并发处理、分布式文件存储等技术,设计、研发了"铁路12306互联网订餐平台",并于2017年7月17日正式上线应用,旅客可通过12306 App、12306网站、微信公众号、支付宝生活号等渠道查询并下单购买列车途径站商家餐品、地方特产及列车自营餐品,获得社会各界人士的一致好评。

平台主要由展示层、应用服务层、支撑层、数据层构成,主要功能如下。

1. 餐饮预订:为旅客提供餐饮商家查询、餐食查询、下单、在线支付餐食费用、订单查询、订单退订/取消、订单评价等功能。商品由车站配送人员与列车服务人员为车上旅客进行餐品订单的配送。
2. 商品管理:餐饮服务商品基本信息维护及交易结账处理。
3. 运营管理:运营管理是整个系统的数据支撑,维护和定义各业务板块的角色权限、人员及业务数据信息,为整个系统的运营提供数据保障。
4. 配送管理:上餐车站、列车配送人员通过配送管理功能对配送订单进行查询及处理,通过该功能,配送员能够及时将旅客预订的餐食配送到旅客手中。
5. 电子发票管理:提供对电子发票开具的查询及处理。
6. 对账:对账与退款。
7. 交易结算。

12306 互联网订餐平台主要架构示意图

展示层

- 旅客 | 商家 | 配送人员 | 运营人员

- 12306App | 12306 网站 | 公众号/生活号
- 商品管理系统 | 运营管理系统 | 结账对账系统
- 交易结算系统 | 电子发票管理系统 | 配餐 App

应用服务层

- 运管服务 | 支付服务 | 电子发票服务
- 商品管理服务 | 结账对账服务 | 结算服务
- 订单交易服务 | 查询服务 | 通知服务

支撑层

- 消息中间件 | 数据同步服务 | 数据中间件 | Redis 缓存

数据层

- 基础数据 | 换层数据 | 业务数据

12306 互联网订餐系统拥有自己的标准化作业规范
对各流程操作步骤及方法有明确的执行标准
以高铁外卖送餐流程为例

1. 旅客提前 60 分钟下单
2. 外卖配送中心收到订单 / 系统为不同车次分配专属配送员
3. 加盟餐厅收到订单 / 餐厅制作食物并打包完毕
4. 餐厅配送员提前 30 分钟将食物送至配送室
5. 配送室各车次专属配送员将自己负责车次食品统一清点装饰，冬天需按规定放置棉被及热水袋
6. 配送员在车次到站 12 分钟前离开配送室，将食物送至指定车次指定送餐员
7. 送餐员将食物送至座位上

赋能员工，打造极致体验的最后一环

12306 作为中国铁路客户服务的中心，除了承载着售票等业务，还承载着大量的解决客户咨询、投诉与建议的客服任务。随着数字化转型的深入，12306 的客户服务体系也进一步完善，在更好地服务乘客的同时，员工的体验也得到了极大的改善。客户服务中心网点的实时监管系统集合了视频、坐席、数据等监控功能，客户服务网点可以第一时间了解客户服务人员的具体工作情况与工作量，提升处理效率与员工体验。

同时，包括绩效考核和企业文化营造等在内的一系列**赋能员工的举措**也在进行。

绩效考核
不是简单以接听了多少电话进行计算，而是综合考虑时长、满意度等因素，通过计算进行绩效考核，真正赋能员工，以优秀服务换取激励。

企业文化
部分 12306 客服网点开设发泄墙、发泄专区等创意空间，鼓励一线客服人员发泄情绪，欢乐工作。

12306 的人才转型能力柱

关注微信公众号"数字化魔方",详细了解更多数字化魔方案例。

极致体验
客户价值触发
产品转型实现
人才价值转型

数字化赋能的理念也深入到了 12306 的人才体系之中,从端起铁饭碗高枕无忧,到市场化考核与运作,进而到用数字化技术赋能员工,改善组织方式以赋能员工,12306 的人才体系也逐渐朝着数字化转型更深入的方向转变。

不管是刷脸进站解放员工,还是数字化技术提高员工效率,抑或是创意企业文化鼓励员工发展,极致的员工体验必然带来极致的用户体验。

12306 的转型之旅,正是一场由客户价值触发、产品转型实现、人才转型赋能的数字化进程。作为公共服务领域的代表,12306 的转型有其特殊之处。然而,通过对客户、产品、人才等转型柱的运筹帷幄,12306 撬动了魔方的"极致体验"这一面,开启了这场提供极致体验的转型之旅,并最终通过客户价值的定位、产品的不断升级优化、人才组织模式的完善获得了属于自己的成功。

转型

数字化魔方 5D 方法论

愿景描绘 Define
- 评估数字化成熟度
- 数字化转型洞察
- 选择数字化转型触发方式
- 描绘数字化转型愿景

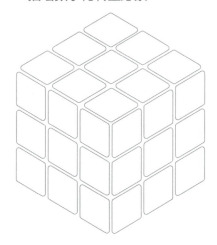

顶层设计 Design
- 数字化场景设计
- 数字化商业模式设计
- 数字化转型路线图设计

转型实施 Develop
- 数字化转型实施的三大关键阶段
- IT 现状评估及需求分析
- 数字化转型的 IT 战略
- 数字化转型应用架构设计
- 数据架构设计
- 基础设施架构设计

组织协同 Deliver

- 组织协同机制设计
- 数字化转型先锋组织
- 数字化转型协同组织
- 数字化全组织转型

生态提升 Discover

- 数字化生态模式
- 数字化生态路径设计
- 数字化生态圈落地

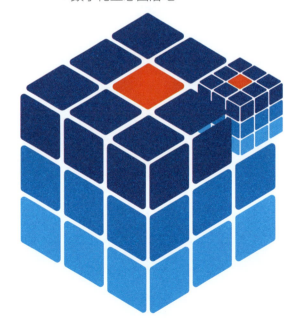

03-1

愿景描绘

评估数字化成熟度 > 数字化转型洞察 > 选择数字化转型触发方式 > 描绘数字化转型愿景

评估数字化成熟度

正如我们在本书第 1 章开篇时所提到的，企业在数字化转型的过程中，首先要明确"在哪里"和"去哪里"这两个问题。也就是说，企业应该充分了解自身业务状况及数字化能力水平——企业只有准确评估自身的数字化成熟度（在哪里），才能准确描绘未来的数字化愿景（去哪里），进而为数字化商业模式的可行性研究提供客观输入，为数字化转型实施的设计提供基础。

那么，企业如何准确评估自身的数字化成熟度？

很简单，可以通过本书第 2 章提供的数字化成熟度魔方诊断量表进行 360°评估，明确转型价值、增长、生态、客户价值、运营、产品、财务、技术以及人才共 9 大转型柱的当前数字化水平。同时，也可以邀请外部利益相关者，例如数字营销服务商、物流服务商等，参与某一能力柱的自检。

在评估中，企业应该把数字化魔方的价值创造、数据协同、组织赋能这三层作为思考与讨论的出发点，重点关注每个能力柱的现有数据资产，衡量通过业务获得数据的能力、通过数据分析提炼数据洞见的能力，以及通过数据洞见催生业务创新的能力。

例如客户价值转型能力柱，关键在于是否把创造客户价值作为中心价值定位，是否在非线性的客户旅程中对每一个节点进行数据监测，是否能从大量迥异、杂乱的客户行为数据中提取关键洞见，并且目前的数字化能力能否支撑这些关键洞见的精准输出，是否能在获得这些洞见后与其他相关能力柱产生协同从而形成新的业务创新。

> **小贴士**
>
> 如何把数字化魔方的价值创造、数据协同、组织赋能这三层作为思考与讨论的出发点？
>
> **价值创造：** 主要通过来自管理层的关键信息以及作为辅助的内部数据搜集。价值创造相对较为高阶，一般浸没在中高层管理层的业务管理逻辑中，通过对管理层的访谈可以明确某一能力柱的价值创造是否被清晰定义并被准确执行。访谈的同时，搜集内部相关数据作为客观诊断输入。
>
> **数据协同：** 主要通过搜集评估内部数据以及检测现有技术应用，必要时可以对外部利益相关者进行意见搜集。分析各能力柱的数字技术能力可以通过衡量数据基础、数据管控和数据开发的水平，进而评估各类技术应用对业务的支持水平。在评估中你可能会发现，某些能力柱的技术支持能力弱，例如人才价值转型能力柱，还存在手工操作的现象，不仅严重影响效率，而且不能形成准确、有预测性的业务洞见，为业务决策提供依据。可能在某些前台业务中，或者从供应商的意见搜集中，可以获得数据开放方面的关键意见。
>
> **组织赋能：** 主要通过关键员工访谈以及内部数据信息搜集。组织作为数字化转型的生产力，承载着将数字化落地的任务，可以通过内部数据的搜集，分析资源调动的效率及成本，分析业务流程和职能流程的有效性以及对数字化业务运转的影响。

魔方成熟度量表使用手册

魔方成熟度量表，可以对企业的整体数字化成熟度进行评估，也可以对某一能力柱甚至某一模块进行单项评估。对于不同的评估对象，评估方式是一致的。我们建议参照该手册进行数字化成熟度评估，以保证评估的完整性和准确性。

评估前

评估前的准备，需要做好三件事。

确定评估对象

转型能力总体评估： 我们建议，不管是整体转型还是某些能力柱的局部转型，在进行数字化转型的战略规划阶段，都需要进行总体的转型能力评估，包括转型价值轴和八大转型能力柱，来全面了解企业的转型基因。

转型能力柱： 根据企业的实际情况和转型方向，确定本次转型的关键点，选取相应的转型能力柱进行评估，需要注意对和该类转型能力相关的转型能力柱进行辅助评估，如对客户价值转型能力柱进行评估，可以考虑同步对产品转型能力柱和增长转型能力柱进行评估。

转型价值轴： 不管是总体评估，还是针对某个转型能力柱的单项评估，都需要对转型价值轴进行评估。

对标企业数字化成熟度评估： 如果有足够的资源，我们建议在评估过程中，把企业的对标企业也纳入评估范围，既能找出与对标企业的差距，也能借鉴其领先经验。

确定参与组织

战略部门： 数字化转型是企业的战略性行为，企业的战略部门是企业数字化转型的"PMO"，因此数字化成熟度的评估，企业战略部门主要对转型价值轴进行评估。

业务部门： 企业业务部门是数字化转型的"需求部门"，对每个转型能力柱进行评估。

信息化部门： 企业的信息化部门是数字化转型的"实施部门"，将重点围绕数据协同层展开评估。

人力资源部门： 企业的人力资源部门是数字化转型的"支撑部门"，将重点围绕组织赋能层展开评估。

确定评估方式

小型研讨： 我们建议采取小型研讨会的方式，对每一项评估维度进行充分的讨论。

背靠背打分： 每位参与评估的成员，进行背靠背打分，客观地对所负责的维度进行打分。

综合研判： 根据打分结果进行总分计算，并对反映出的问题进行综合评估。

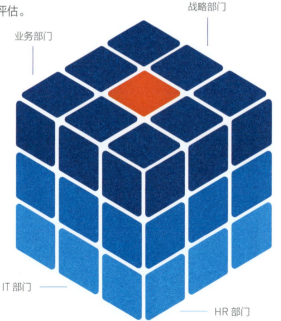

评估中

在进行评估时，我们建议遵循"逐项研讨 → 背靠背打分 → 讨论达成一致"这个过程。

逐项研讨

分组： 将参与评估的人员根据评估内容分为若干小组，但其中必须有一组讨论"转型价值轴"。

主持人： 内部研讨必须设置主持人角色，进行研讨会计划编制、方案编制、进度把控。

研讨： 各组根据议题对所负责的部分进行研讨，尽可能头脑风暴，提出各类想法和问题。

阐述： 小组人员逐个发言，阐述自己的观点。

讨论达成一致

阐述： 每位成员针对打分结果进行阐述，重点描述评估分数以及评估理由。

释义： 每位成员对大家提出的问题进行解答。

小组一致： 讨论结束后，小组长组织逐项讨论，小组内达成一致的评估结果。

小组陈述： 小组派出代表进行总体评估情况阐述，并对其他组成员提出的问题进行解答。

结果确认： 主持人最后确定总体评估结果，并与各组进行确认。

Level 0 不符合 ⊕
Level 1 基本不符合 ⊕
Level 2 部分符合 ◐
Level 3 基本符合 ◕
Level 4 完全符合 ●

	因素	评估	描述
价值创造	价值设计		
	价值评估		
	价值策略		
数据协同	数据管理		
	数据分析		
	数据应用		
组织赋能	转型文化		
	流程及制度		
	组织及资源		

评估后

在评估完成后,我们建议,确定关键问题并提出初步的改进建议,同时制定成熟度跟踪机制。

关键问题分析

缺陷识别: 绘制数字化成熟度评估雷达图,识别关键缺陷能力柱和关键缺陷点。

关键问题梳理: 针对缺陷和下一步的转型方向,提出数字化转型关键问题(3~5个最重要的问题,或价值创造、数据协同、组织赋能各1个关键问题)。

提出建议: 提出关于解决这些问题的改进建议(可以先不用具体到可实施,但需要列明包括负责部门、负责人、时间期限等)。

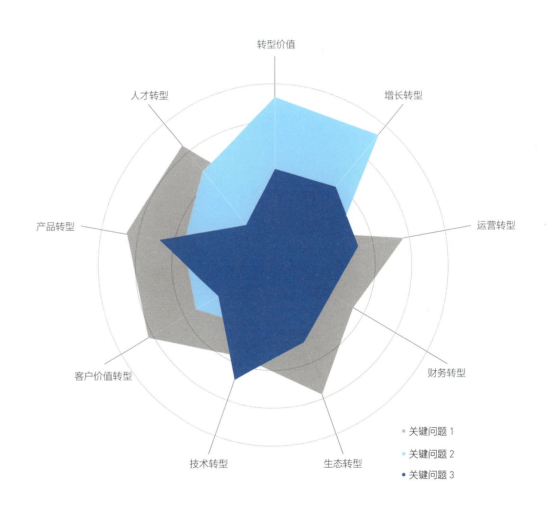

数字化成熟度评估雷达图

成熟度跟踪

制定评估机制：根据后期的数字化转型方案或者各里程碑，制定中长期数字化成熟度专项评估机制，对重点的数字化转型能力柱进行阶段性的专项评估。

年度或阶段性的整体评估：我们建议，企业至少每两年要进行一次数字化成熟度评估，衡量数字化转型的成果，找到可能存在的问题或者障碍。

单一能力柱的重点评估：针对某类能力柱的转型需求，务必在转型愿景和转型方案制订前，进行该能力柱的成熟度评估，并且在转型方案实施后三年内，每年评估转型效果。

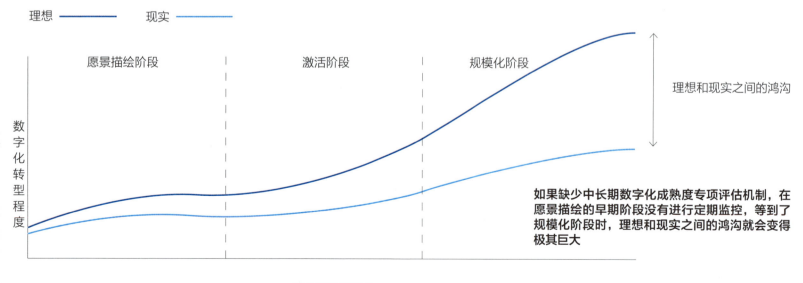

数字化转型洞察

除了对自身的数字化成熟度进行评估，企业还需要充分理解企业外部的整体环境，例如竞争对手的行为，行业未来的变革方向、机会和威胁，等等。发掘行业中的数字化趋势及竞争中的关键成功因素，从中获得数字化转型洞察，这样更能进一步结合自身的业务竞争地位、数字化成熟度，描绘新的数字化愿景和形成创新的商业模式。

竞争对手分析

企业应对竞争对手进行系统性的数字化成熟度调研，一方面研究对于数字化路径的建设经验，分析差异化，总结对手取得成功的关键因素；另一方面，评估竞争对手对本企业的竞争性数字化举措可能会采取的战略或做出的反应，为未来有效制定公司商业模式以及转型举措提供基础。

企业可以以数字化成熟度魔方诊断量表作为研究框架，对4~5家竞争对手进行系统性的数字化成熟度分析。

对竞争对手的多维度信息采集与分析应该是企业常规及时的重要基础工作。但很多管理者往往自认为很了解竞争对手，而忽略了基于数据对竞争对手进行的客观分析。

要进行客观的竞争对手分析，企业普遍面临以下几个问题。
1. 数据采集是最大的难点，企业获得的信息往往只停留在表层，缺乏可靠的、客观的数据。
2. 竞争对手的信息往往散落在企业的各个业务单元中，这些信息既琐碎又易丢失，难以进行整合。
3. 对竞争对手的分析需要具备极强的专业能力，特别是在评估竞争对手对本企业的竞争性数字化举措可能会采取的战略或做出的反应时，这一能力极其重要。

如果想要解决这些问题，我们建议企业建立科学的竞争对手分析机制，选择可胜任的人员，成立专门的研究分析小组。

在明确搜集数据的框架后，**可以通过以下来源搜集竞争对手的信息。**
1. 竞争企业（年度报告、文献资料、产品服务手册、线上线下宣传等）。
2. 行业/政府（监督团体、行业协会报告、行业专家、政府公开数据或官员演讲等）。
3. 利益相关者（供应商、渠道商、顾客）。
4. 第三方服务机构（金融机构报告、咨询公司报告、数据公司等）。

对于竞争对手的信息跟踪和分析，可以为企业决策者提供决策依据。定期精准的竞争对手分析报告可以提升企业对于外部环境变化的敏感度和决策的准确性、及时性。特别是企业进行数字化转型战略制定时，在充分了解自身数字化成熟度的基础上，深度剖析竞争者，有助于在验证战略举措中预测到竞争对手的反应和举动，从而提前制定应对策略，进而赢得竞争。

企业外部环境分析

数字化使得企业面临的外部环境愈加复杂且变化越来越快，影响企业发展的因素除了要考虑政治、经济、社会、技术、客户需求、市场需求等，同时还需要考虑相关行业带来的变化和冲击。企业需要时刻保持高度的敏感性以及高阶的分析能力，进而才能洞悉所处环境的发展趋势。

工具： 我们通常使用 PEST 或波特五力等模型进行企业外部环境分析，但对于数字化转型分析来说，我们建议使用 PEST 模型。
PEST 分析法是从政治（Politics）、经济（Economic）、社会（Society）、技术（Technology）四个方面，基于企业战略的眼光来分析外部宏观环境的一种方法。企业数字化转型战略的制定离不开宏观环境，而 PEST 分析法能从各个方面比较好地把握宏观环境地现状及变化趋势。

政治环境： 包括政府的方针、政策、法令等。
重点关注： 国家级地区的数字化发展战略、政府规划中的重点项目、促进创新和创业的具体举措、一带一路与经济全球化、国家信息化发展战略、互联网+、互联网强国、信息监管等。
经济环境： 国民经济发展的总概况、国际和国内的经济发展趋势、企业所面临的产业环境和竞争环境等。
重点关注： 数字化转型目标相关行业及市场的基本经济环境、数字经济的发展水平及趋势等。
社会环境： 包括社会道德风尚、文化传统、人口变动趋势、文化教育、价值观念、社会结构等。
重点关注： 人口统计数据、客户定位、群体规模、财富构成、消费习惯等。
技术环境： 社会技术总水平及变化趋势、技术变迁、技术突破对企业的影响，以及技术与政治、经济、社会环境之间相互作用的表现等。
重点关注： 数字化转型相关技术等。

选择数字化转型触发方式

数字化技术和手段已经深深改变人们的生活方式,通过数字化技术已经催生出了大量新产品、新服务模式和新流程。但重塑行业价值链和重构整个生态体系,是企业进行数字化转型从而掌控竞争的至高话语权成为规则制定者的唯一方式。

在实际转型过程中，各个企业的数字化转型触发机制也各不相同

大多数企业，特别是直接面对终端消费者的企业，普遍在获客、转化、留存等过程中感到很容易被竞争对手复制和超越，于是投入大量资源为客户提供最好的体验，即从营销、产品的角度出发，提升或重构客户价值主张。

优秀的企业往往会从客户需求出发，分析客户旅程中每一个可能的价值创造点，运用数字化技术，创造品牌和产品的差异化。

有的企业因为面临运营效率提升的巨大压力，而进行运营体系改造相关的数字化转型；有的企业因为财务能力或人才管理能力的缺乏，然后触发了数字化转型；还有很多企业的数字化转型是由数据和技术触发的；甚至，有的企业是由最高决策者将数字化转型的创新思维注入企业，使得数字化转型的思想从组织内部孕育……

由此可见，数字化魔方的转型价值轴、8大能力柱、27个模块都有可能单一或多点联合触发企业的数字化转型。

数字化转型的多点触发机制

数字化魔方的 27 个模块，
都可以触发数字化转型。
而且转型的触发，
可以是多模块的，
也可以是发散或者集合的。

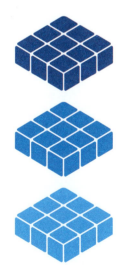
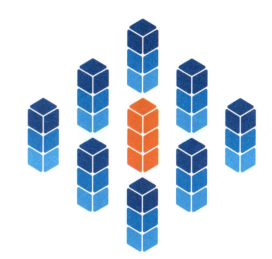

为什么我们选择多点触发——触发与协同转型密不可分

由于很多企业往往是在实际业务过程中捕捉到了单一模块或多个模块的难点或需求，于是直接触发了局部的数字化转型，例如爆款产品的设计、线上渠道的运用创新、工艺流程的改进等，这些确实能在短时间内提升企业的业务表现，但这样的业务表现并不能形成可持续的优势，多个局部的、各自为战的转型变革，有可能造成资源的重复浪费甚至相互冲突。

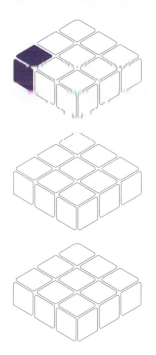

多点分解

单点集合

单点触发

触发机制：数字化转型的单点触发，通常可以看作局部数字化的改进，"变革"的意义取决于核心价值主张、技术和数字的变革以及创新文化的影响。

触发影响：单点触发是对局部业务或管理的升级改进，但也有可能影响到其他转型模块，由于其他转型模块还是处于"协同配合"的角色，因此并不会再触发其他模块的变革。

触发管理：由不同的组织提出单点触发需求，可不考虑对于其他模块的影响，在后期评估时，需要分析若干"单点"构成的"点阵"之间的关系；如果彼此独立，则为单点触发；如果有密切的协同关系，则为多点触发或全面触发。

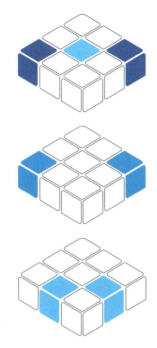

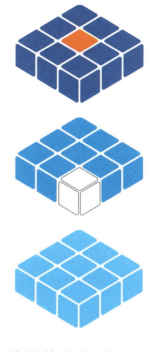

整体分解

多点集合

多点触发

全面触发

<u>触发机制</u>：数字化转型的多点触发，是业务或管理层面的规模化变革。多点触发可以以三类转型方式为参考进行管理设计，包括"极致体验""降本增效""融合创新"。

<u>触发影响</u>：多点触发是对业务和管理的规模化变革，会对核心价值主张、商业模式、数据治理、技术应用、组织管理甚至文化带来一定的影响。

<u>触发管理</u>：既可以是业务整体设计后进行的总体转型规划，也可以是单点触发后进行的协同型整合。多点触发，在设计和执行层面，可以看作多个"单点触发"的集合。

<u>触发机制</u>：数字化转型的全面触发，是企业总体数字化转型战略。在数字化转型战略目标确定后，进行全面触发机制设计，定位所有的触发点，进行总体分析和总体设计。

<u>触发影响</u>：全面触发是对企业数字化能力和数字化业务的极大考验，将全面调整企业的核心价值主张与商业模式，对于企业的数据治理和技术架构甚至组织结构、组织文化都会产生革命性的影响。

<u>触发管理</u>：通常来说，随着数字化转型战略的分解执行，全面触发也将看作"多点触发"的集合。

描绘数字化转型愿景

数字化转型的最高境界是在数字化技术演进过程中，从商业本质上，即在企业如何创造价值、传递价值和获取价值方面进行转型升级。

描绘数字化愿景，是转型最大的困难之一。企业需要从自身现状出发，找到未来的发展方向，并且重新检验价值主张，同时思考传递价值以及确定新的获取价值的方式，这是一个从抽象到具象、从模糊到清晰、从未知到结论的过程。

例如，亚马逊作为电商巨头在持续加强自身IT基础建设的同时，发现服务器的运作能力可以当成虚拟货品卖给第三方。因此2006年，亚马逊推出了专业云计算服务AWS，彻底颠覆了亚马逊作为电商平台的定位。2019年，AWS的运营利润占亚马逊全年总利润的80%。从电商服务到云计算服务，亚马逊的战略发生了巨大变化，这样的尝试离不开亚马逊对其数字化愿景和商业模式的反复论证。

大多数企业数字化愿景的设计往往依赖于高管团队的敏锐洞察和预判能力，但随着技术的快速发展，影响数字化愿景的因素越来越复杂，对高管团队能力也提出了更高的要求。同时，如果按照传统的愿景研究方式，愿景的设想和讨论，将会在各职能部门以及各区域组织之间反复讨论确认，特别是涉及多业务、多地域的跨国公司或者组织架构复杂的公司，这样的交流和讨论往往要持续几个月的时间。

如何快速描绘数字化愿景？

建议企业使用全新的"数字化转型加速器"，科学地集合高管以及专业人士的智慧，通过全面扫描—专注创新—总结行动三个步骤进行头脑风暴，从而描绘出企业的数字化愿景。使用数字化转型加速器，往往2～3周就可以完成新的数字化愿景蓝图构想。

数字化转型加速器将以一场为期2～3天的研讨会为核心，会上需要集合高管以及专业人士的智慧，参与人员须遵循以下四大原则。

1. 保持聚焦。 与会者应该精确清晰地表达当前的问题，跑题在所难免，但切记不要跑题太远。
2. 视觉化思考。 研讨会上尽量使用已经准备好的大量可视化工具，例如报事贴、白板等，把自己的想法写下来或者画下来，可以把碎片化的灵感展示出来，将其随意移动和组合有利于畅想和得出结论。
3. 充分准备。 对当前的问题进行充分思考，准备头脑风暴。
4. 执行规则。 遵循研讨会组织者的规则，通常情况下最重要的原则为"不要过早下结论""每次一个人讲""追求数量""疯狂创意"。

数字化转型加速器

检查
全面扫描

点火
定位触发点

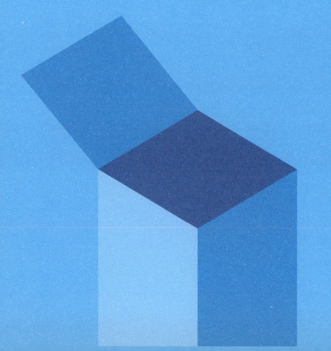

加速
转型创新研讨

起飞
确定愿景

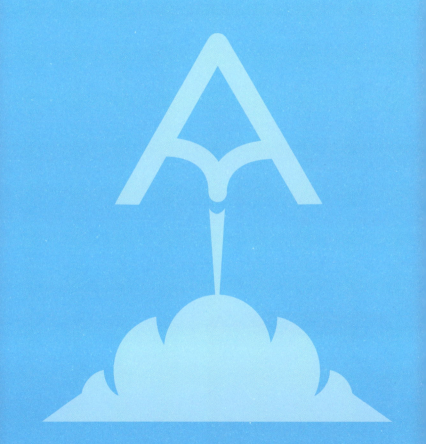

数字化转型加速器 – 检查

1. 分组：将与会者根据特定规则进行分组，一般每个团队会由不同职能的与会者共同组成，高层领导将加入各个团队，保证讨论可以兼顾来自不同职能的声音。

2. 点火人：确定本次数字化转型专项工作的负责人。作为数字化转型加速器的"点火人"，他将全面组织和执行数字化转型相关工作。

3. 诊断：利用"魔方成熟度量表使用手册"，对企业的数字化成熟度进行全面的诊断。与会者对要解决的问题或痛点进行充分讨论，深入理解痛点形成的原因，并对痛点本身的含义以及所产生的影响达成共识。在就问题或痛点达成共识后，将介绍业务及数字化诊断结果（第一节）、竞争者分析（第二节）、行业趋势（第三节）的结果，供全体与会人员思考。

对企业的数字化成熟度进行全面的诊断

第一节：扫描	第二节：竞争者分析	第三节：行业趋势
各大模块的业务现状	竞争者的发展路径	外部环境，特别是技术的变化趋势
各大模块的数字化现状	竞争者的关键成功因素	消费者需求的变化
各大模块的发展痛点	竞争者的数字化成熟度	消费者行为的变化
	竞争者的可能做出的反应	

数字化转型加速器 – 点火

对于加速器这一快速解决机制，触发就像一个高速引擎的火花塞，快速触发是保证引擎能够发动以及"加速"的前提。

提案务必是清晰、准确的，包括：
- 转型的核心——"触发点"的描述
- 诊断结果
- 选择该触发点的理由

通常来说，可以通过对如下几项进行打分筛选，选出 2 ～ 4 个核心转型触发点。
- 战略意义：对企业战略和业务的重要性
- 成本及效率：节约成本、提高效率的程度
- 创新程度：创新的层级（是微小的改变，还是部分创新，或是全新的模式）
- 客户体验：对于内外部客户体验的改善程度

触发点选择

1. 提案： 各小组根据数字化转型诊断结果，提出若干项转型触发点。

2. 筛选： 数字化转型加速器负责人——"点火人"组织人员收集各类提案，组织各组负责人进行讨论，确定本次数字化转型的核心转型触发点。

3. 绘制转型魔方： 根据转型触发点，绘制本次转型魔方雏形（画一个三层魔方图，改变其中 3 ～ 5 个模块的颜色）。

数字化转型加速器 – 加速

本步骤为研讨会的核心部分，要求与会者疯狂创意，不拘于数量。同时，与会者不应拘泥于层级，只有自由的讨论，让思维无障碍地碰撞，才能提升结论的质量。

1. 对问题提出假设创意，并对其进行模拟演练，畅想假设创意会带来的益处和弊端。

2. 基于现状和限制性条件，与会者从各自领域出发，对各种假设创意进行反复验证和评估。

3. 在不断验证中修正假设创意。

4. 初步数字化愿景方案形成。

5. 发现新方案落地的障碍并提出解决障碍的方案。

创新任务模板的要求

- 至少提出该触发点下的三个转型场景
- 选取一个场景进行价值分析
  - 业务描述：用一句话准确、全面地描述业务
  - 描述这项业务解决了什么问题：罗列出都解决了什么实际问题
  - 描述这项业务带来了什么价值：罗列出这些价值，包括功能效用、成本节约、情感等
- 初步提出这项工作的执行方案

数字化转型加速器 – 起飞

本步骤需要得到与会者的共同认可，对未来落地执行至关重要。

1. 对初步方案进行优先级排序和选择，确定最终的数字化愿景。
2. 讨论短期和中期行动方案。
3. 对行动方案形成共识。

愿景评估模板

对于讨论后的每一项转型愿景，通常采用"投票选择"的方式进行筛选，以确定最优的愿景目标。

评分项分为7个层面，分别就战略影响、变革周期、收入预期、变革成本、核心价值影响、数据及技术以及组织影响等维度，对各转型愿景进行打分。

评分项	易、风险低	分数	难、风险高
战略影响 是颠覆性变革，还是局部变革	局部变革	10 9 8 7 6 5 4 3 2 1 0	根本性、颠覆性的变革
变革周期 是一次性变革，还是持续性变革	一次变革	10 9 8 7 6 5 4 3 2 1 0	持续性变革
收入预期 变革后的收入预期	收入明显增长	10 9 8 7 6 5 4 3 2 1 0	无法确定
变革成本 成本投入控制	成本投入可控	10 9 8 7 6 5 4 3 2 1 0	成本投入无法预期
核心价值影响 对核心价值的影响程度	影响较小	10 9 8 7 6 5 4 3 2 1 0	根本性的影响
数据及技术 对数据及技术的影响	数据及技术微创新	10 9 8 7 6 5 4 3 2 1 0	新的数据和技术架构
组织影响 变革对组织的影响	组织职责变更	10 9 8 7 6 5 4 3 2 1 0	新的组织形态

"最优"愿景的选择与企业的战略、文化以及业务发展阶段相关，建议确定几项评估原则，结合评估结果确定最终的数字化愿景

企业采取全面转型策略：侧重于"难、风险高"一端，选择分数较低的愿景
企业采取谨慎转型策略：侧重于"易、风险低"一端，选择分数较高的愿景
企业采取稳妥转型策略：侧重于"难""易"兼顾，选择分数居中的愿景

数字化转型加速器

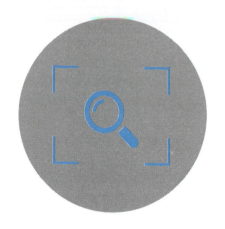

1Day
检查
全面扫描

1Day
点火
定位触发点

关注微信公众号"数字化魔方",
线下体验数字化转型加速器。

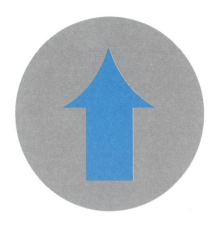

2Days
加速
转型创新研讨

1Day
起飞
确定愿景

通过使用数字化加速器获得的数字化愿景是大家一致头脑风暴的结果，其前瞻性和落地性均得到保证。同时，该愿景得到了所有公司高层管理者的认同，是获得数字化转型执行力的关键。

03-2

顶层设计

数字化场景设计 > 数字化商业模式设计 > 数字化转型路线图设计

数字化场景设计

数字化场景设计,是数字化愿景落地实施的关键点

长期以来,企业存在着将"愿景"等同于"场景"的误区,进而忽略了对"场景"的设计。这两者其实有着显著的区别。愿景描述的是方向、目标,而场景描述的是数字化的业务流程、实现价值的过程。

大部分企业数字化转型效果欠佳,一个常见的失败诱因就是场景设计不详细、不严谨、不科学。严谨、科学的数字化场景设计流程,应该是模块逐步细化的过程,包含着一套完整的场景化设计方法。

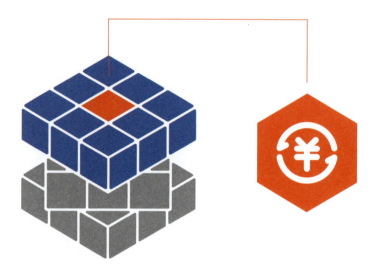

数字化愿景设计

- 数字化愿景设计是从众多的数字化选择和方向中,确定未来数字化目标的过程。
- 在数字化愿景确定后,我们应该不遗余力地向这个方向迈进。

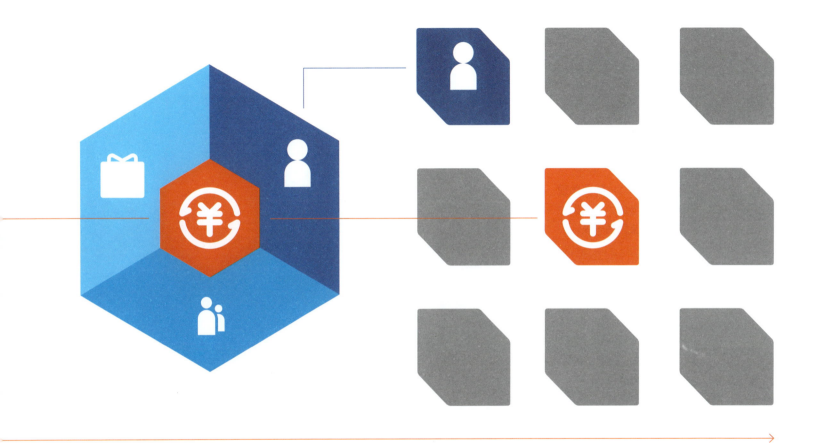

数字化场景设计

- 在数字化愿景的基础上,进行数字化场景的设计,将数字化愿景逐步形成可设计、可执行的方案,最终将愿景实现。
- 数字化场景往往是复杂多样的,数字化场景设计就是将复杂归于简单,形成容易理解的、可落地的执行方案。
- 数字化场景设计是数字化转型落地执行的核心。

数字化场景设计：主场景与辅场景

数字化场景设计并不是一个新名词，已经有相当一部分较为成功的数字化场景设计，虽然大多数场景集中在"客户价值"提升或"产品价值"提升方面，但也有很大的借鉴意义。在数字化转型中，这些较为单一的，往往只针对消费者的场景设计是远远不够的，我们在设计任何一个转型场景时，势必会有其他的场景也随之改变。

为了更好地进行场景设计，我们可以将**那些体现了愿景的最直接的场景定义为主场景；那些因主场景发生变化而做出改变的场景定义为辅场景**。

以零售企业推出线上线下融合的销售模式为例

主场景
顾客线上下单
门店取货
退货
换货

辅场景
商品配送
活动营销
线上线下退换货
门店绩效
财务结算

主场景的描述（定义）：清晰描述场景，包括场景实现的目标、方式、各参与方、各参与方的主要行为等

辅场景的描述（定义）：清晰描述场景，包括场景实现的目标、方式、各参与方、各参与方的主要行为等

主场景转型分类：根据数字化转型魔方，确定该场景是八个转型能力柱的哪一个

辅场景转型分类：根据数字化转型魔方，确定该场景是八个转型能力柱的哪一个

主场景流程：通过研讨会或是评审的方式，确定该场景的主要流程，建议采用流程图的方式加以展现，明确每个角色的行为，以及哪些过程通过信息系统实现

辅场景流程：通过研讨会或是评审的方式，确定该场景的主要流程，建议采用流程图的方式加以展现，明确每个角色的行为，以及哪些过程通过信息系统实现

场景对愿景的作用：描述该场景在此前确定的愿景中，主要的作用有哪些

辅场景与主场景的关系：描述该场景流程与主场景之间的关系

相关辅场景的确定：描述在该场景下，会影响到哪些辅场景

辅场景与其他辅场景的管理：描述该场景与其他辅场景之间的流程关系

主场景设计　　辅场景设计

主场景与辅场景的区别

数字化场景的流程化展现

数字化场景涵盖多部门、多业务和多角色，所以在场景设计过程中，将数字化场景进行流程化展现这一步骤极为重要。

数字化场景流程化，可以用传统的流程设计方法实现，很多企业将这一过程称为 BPR（Business Process Reengineering，业务流程重组）。

我们建议，企业在已有的流程框架下进行数字化场景流程设计，保持流程之间紧密的耦合关系，同时确保能够迅速发现流程之间的相互关系，以进行辅场景的流程设计。

对于尚缺少明确流程体系的企业，同样可以从流程结构入手，进行主场景和辅场景的流程设计。

我们可以通过以下方式理解。

L1 级流程，是企业的价值链，也是企业全部活动的集合，如研发、生产、营销、销售这样的生产流程，以及人力、财务、法务、行政这样的职能流程。对于数字化转型来说，L1 级流程变革的可能性较低。

L2 级流程，是对每个 L1 级流程的分解，如 L1 研发流程在进入 L2 后，可分解为概念设计、计划管理、开发、验证等二级流程。数字化转型，将深刻影响到 L2 级流程，在场景流程化方面，L2 级流程的作用非常重要。

L3 级流程，是对 L2 级流程的分解，更多情况下，可以表明内部组织之间的协作关系。L3 级流程，可以很好地展现出数字化转型主场景和辅场景的具体协同关系。

L4 级流程，是一系列的行动，将通过具体的流程图进行展示。在数字化转型的 L4 级流程中，技术、系统的角色非常重要。

L5 级流程，是 L4 级流程通过系统实现后，系统操作的步骤或过程；如果没有通过系统实现，L5 级流程可以作为更加细化的操作型程序，如工作手册、操作程序等。

一般而言，在数字化场景设计中，分解到 L3 级流程已经较为充分。如果我们在实现阶段需要进行更为具体的业务定义和需求分析，则需要细化到 L4 级流程。未来如果该流程通过系统实现（数字化转型必然通过信息系统实现），则系统中的步骤将构成 L5 级流程。

数字化商业模式设计

在数字化愿景和场景设计基本完成后,我们需要进行商业模式设计或调整,这其中最重要的环节就是核心价值主张的确定或调整。

我们建议使用"商业模式画布"与"核心价值主张设计"方法进行设计,具体可参见亚历山大·奥斯特瓦德的《价值主张设计》一书。

产品和服务清单

收益创造方案

痛点缓释方案

数字化转型路线图设计

不论是整体的数字化转型,还是局部的转型,受内部能力、外部环境以及预算的影响,实现过程都不可能是一蹴而就的。因此,我们需要进行路线图设计,明确先做什么,再做什么,合理安排系统建设时间,保证变革目标的实现。

数字化转型路线图的设计,需要对已经确定的各类转型场景(项目)进行评估,包括以下方面。

对业务的影响程度
- 高:完全颠覆,能够极大提升未来的业务收入(效率)。
- 低:局部改进,业务几乎不会受到影响。

实施的复杂程度
- 高:全员行动,耗时 1 年以上,受外部因素影响较大。
- 低:团队承担,耗时 3 个月以内,几乎不受外部影响。

投资成本
- 高:超过公司全年利润的 20%(依企业实际情况确定投资标准)。
- 低:低于公司全年利润的 1%(依企业实际情况确定投资标准)。

我们将各场景(项目)按照业务影响程度、实施复杂程度进行评估,并将其分布在二维矩阵中,可以看到,对业务影响较大且易实施性较高的速赢项目(Quick-Wins),是企业数字化转型的发力点。

此外,我们还将根据各项目的投资成本及项目类别,进行综合分析,最终确定数字化转型项目的实施路线图。

这是一家企业的 3 年数字化转型路线图，从中我们可以看到，16 个新建项目、9 个改进项目、6 个 ERP 的关联性项目，经过业务影响度和实施复杂程度分析后，分布在一个二维矩阵中。我们将重点关注对业务影响大的且易实施的项目，也就是通常所定义的速赢项目。

速赢项目非常重要，它一方面能够快速满足业务需求，实现部分的数字化转型；另一方面，它的成功将会极大提升数字化转型的信心，提振士气，催生内部转型文化。

数字化转型部门应与业务部门深入讨论，确定数字化转型路线图。这个过程，还要充分考虑投资成本因素，最后达成一致意见。有始有终，转型路线图才有意义，这也是数字化转型成功的前提之一。

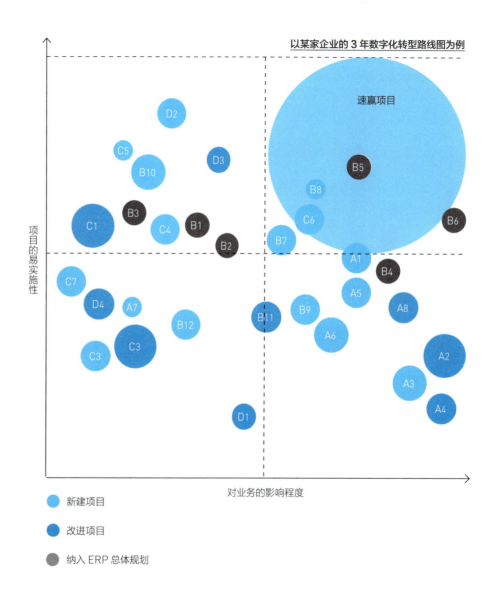

03-3

转型实施

数字化转型实施的三大关键阶段 > IT现状评估及需求分析 > 数字化转型的IT战略 > 数字化转型应用架构设计 > 数据架构设计 > 基础设施架构设计

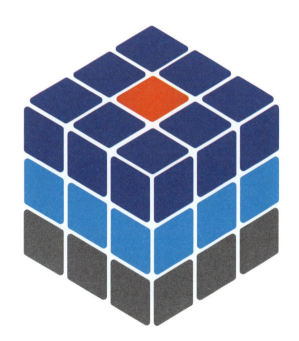

数字化转型实施的三大关键阶段

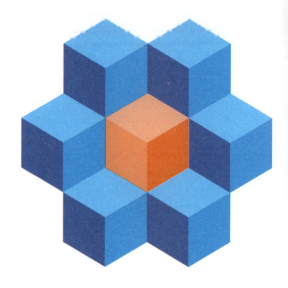

IT 现状评估及需求分析

- 不同于数字化成熟度评估，IT 现状评估是聚焦于目前企业信息化成熟度的总体评估，将清晰地展现企业目前的信息化能力，为数字化转型做好技术准备。

- 需求分析，是在数字化场景以及数字化场景流程化的基础上进行的需求定义、分解描述的过程，也是厘清业务需求，并将其转化为 IT 需求，同时进行详尽描述的过程。

数字化转型 IT 战略

- 数字化转型 IT 战略，是在企业总体战略、业务战略、数字化转型愿景的基础上构建的 IT 战略，是实现企业战略和数字化转型愿景的技术方针。

- 绘制和执行一幅与企业发展一致的 IT 路线图比以往任何时候都重要，IT 战略规划可以成为一个强有力的工具，帮助公司实现核心业务目标。

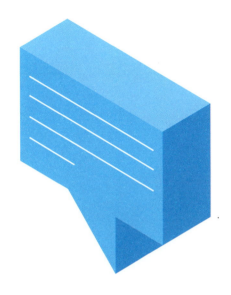

目标蓝图规划设计

- 目标蓝图规划设计，是数字化转型的详细设计，包含构建数字化未来的应用架构、数据架构，基础设施架构。

- 在新的数字化技术的驱动下，目标蓝图的规划设计方法和理念层出不穷，但我们仍然可以遵循最经典的设计方法，将技术思潮融合在目标蓝图规划设计中，真正地形成数字化转型的总体 IT 蓝图。

IT 现状评估及需求分析

IT 现状评估

数字化转型的 IT 现状评估，可以从应用系统、数据、基础设施、IT 管控角度对 IT 现状进行全面的调研与评估，分析 IT 对现有业务的支持情况，明确 IT 现状中存在的问题，主要如下。

- 调研评估各业务板块的应用系统现状，包括应用系统的功能、运行状况、对业务的支持情况，分析应用系统方面存在的问题，提出初步优化建议。
- 调研评估集团及业务板块的数据、基础设施的现状，对其中的问题进行诊断分析，提出初步优化建议。
- 调研评估集团 IT 管控现状，包括 IT 能力、IT 组织与管控模式，分析其中存在的问题，提出初步优化建议。

具体的评估维度，包括 IT 战略、信息和数据管理、企业架构、IT 成本管理等。

右图是针对一家企业的 IT 现状诊断，从中我们能够清晰地看到企业信息化能力的优势与不足。

通常来说，针对数字化转型，我们会更加关注 IT 战略、信息和数据管理、转型能力、项目管理、IT 资产和运维管理、关键技术的覆盖度等维度，如果这些维度的得分在 3 分以下甚至更低的水平，那就需要企业引起足够的重视——企业可能需要针对数字化转型进行更加体系化的思考与布局。

企业也可确定对标企业，同时对对标企业进行一次 IT 现状评估，找出自己与领先企业的差距。

以某一家企业的 IT 现状评估为例

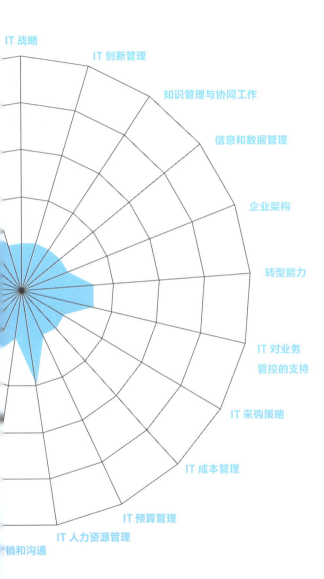

需求分析

数字化魔方中所阐述的 IT 需求分析并非为数字化转型需求，而是数字化转型场景和基本流程确定后，梳理的与具体业务呼应的 IT 需求。

需求分析是基于对业务现状和 IT 现状的分析结果，结合公司战略和数字化转型愿景和场景，收集和分析各业务板块、各职能（转型能力柱）对信息化的关键需求。

- 基于对未来发展战略的理解，结合同业的领先实践，分析战略发展对信息化提出的高阶需求。
- 基于对业务部门的访谈结果，结合 IT 现状评估发现的主要问题，从业务和管理的数字化转型角度分析各业务板块未来 3～5 年的 IT 需求，并按照流程框架和业务领域对 IT 需求进行归类整理。
- 从信息管理、应用系统、技术手段和 IT 管理等方面分析业务部门对 IT 建设、IT 组织的需求。
- 在上述分析的基础上，按照公司战略与管控层面、核心业务运营层面、基础支撑层面进一步总结各层面对应的 IT 需求。

数字化转型的 IT 战略

IT 战略设计方法

IT 战略设计必须深深扎根于企业战略规划期。从数字化魔方角度来审视，数字化转型的 IT 战略是转型价值轴的中心，也是数据协同层的中心。

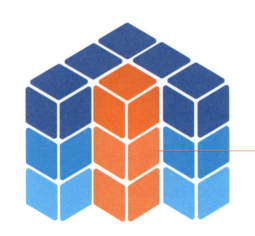

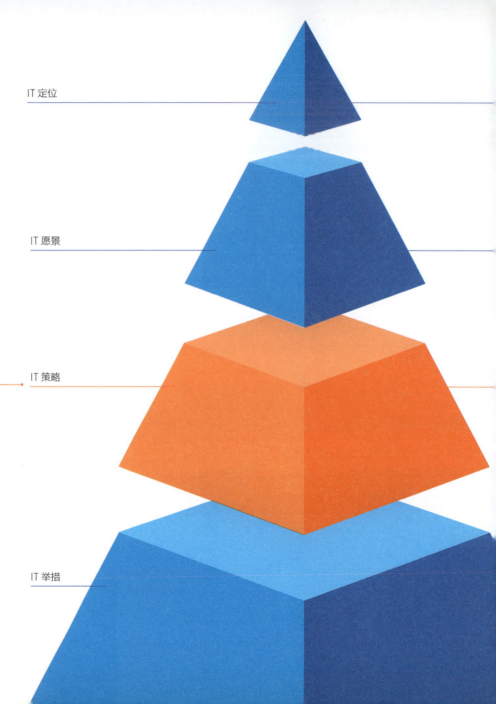

IT 定位

IT 愿景

IT 策略

IT 举措

IT 定位：IT 定位在数字化转型过程中非常重要。大多数企业，在数字化转型过程中都将 IT 作为核心竞争力的一部分，而不仅仅是一项实现业务的能力。明确 IT 定位，特别是明确 IT 组织和 IT 项目在公司的重要性和主要职责，对于数字化转型的成功尤为重要。

IT 愿景：树立长期愿景，打造中期规划，是 IT 战略设计的基本模式。建立 3～5 年的 IT 愿景，描绘未来的数字化转型愿景和 IT 场景，是阶段性战略变革的方向与目标。

IT 策略：基于数字化变革的商业模式（核心价值主张、商业策略），根据 IT 愿景，参照数字化技术趋势，制定企业的 IT 策略，以指导 IT 蓝图设计和各类架构体系设计。

IT 举措：依据愿景和 IT 策略，制定实现数字化转型的 IT 举措。从数字化魔方来看，这就是通过数据协同层从中心向外辐射的过程。也就是说，IT 举措可以从各项能力角度出发进行设计，如员工数字化体验提升、市场营销数字化提升、产品数字化设计等。

IT 战略设计原则

虽然我们可以采用经典的 IT 战略设计方法，但在数字化转型的 IT 战略方面，我们仍然需要遵从新的原则。

- **快速制定**：IT 战略设计的重要性不言而喻，但这并不意味着该过程需要长期的讨论与实验，缓慢的反应对于实现数字化转型是很危险的。建议企业快速确定一个战略方向，保证在数周或者更短的时间内制定 IT 战略，并且能够与新的商业模式相关联。

- **建立成功的标准**：IT 战略应包括衡量成功的标准，这些标准可以基于数字化转型场景的关键指标进行确立。有了标准，我们就可以在整个战略周期内进行考核，并根据结果进行修正，确保信息化系统的建设与数字化转型及企业发展战略是紧密结合的。

- **保持频率**：大多数 IT 组织每年至少会制定一个完整的 IT 战略规划（IT 年度计划），但是数字化转型的速度通常要求更加频繁地更新数字化转型策略和举措。我们的建议是将 IT 战略规划的频率调整到与企业发展及数字化转型节奏一致。所以对于大多数公司来说，每个季度进行一次 IT 战略评估，并根据结果进行优化调整，是十分必要的。

数字化转型应用架构设计

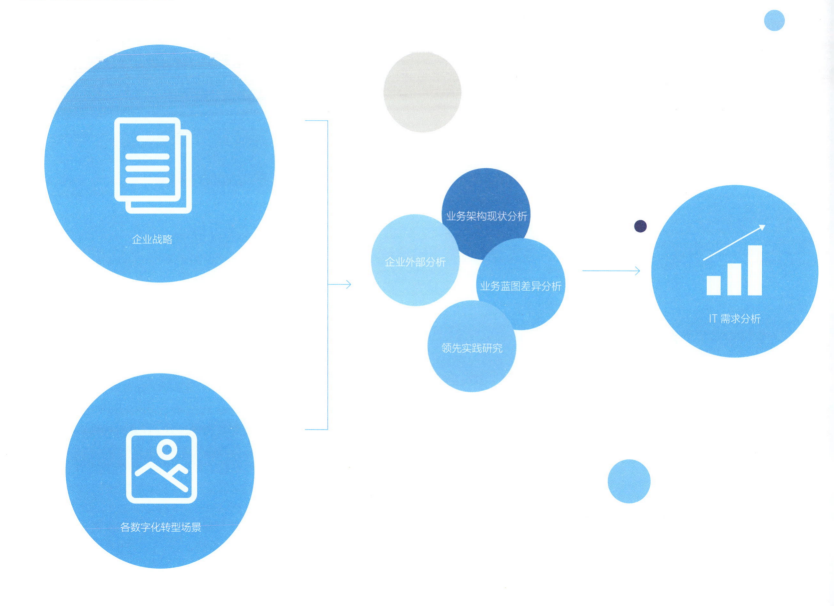

应用架构设计方法

企业层面的应用架构向上承接企业的战略和数字化场景，向下规划和指导企业各个 IT 系统的定位和功能，包括企业应用架构蓝图、架构标准或原则、系统的边界和定义、系统间的关联关系等。

这里，我们所介绍的是经典的应用架构设计方法，但这并不是唯一的方法。对于数字化转型，各类架构设计理论和趋势层出不穷，以不变应万变进行逻辑化设计往往是最有效的架构设计方法。

应用架构，我们通常分为**业务应用架构、目标系统映射和系统应用架构三个方面。**

- **业务应用架构：** 以业务框架为参考，以各业务条线的实际 IT 需求为输入，并以领先实践的 IT 架构为标杆，推导出企业整体的目标应用功能架构，涵盖各业务条线、各层级的应用功能需求，作为后续功能切分和系统架构设计的基础。

- **目标系统映射：** 根据业务应用架构，进行目标系统的映射，初步确定数字化转型的系统建设内容。通俗地说，我们用现有系统和未来的系统，进行业务应用架构的覆盖，业务应用架构就变成了系统的组合。毕竟，所有的业务功能都是由各类系统（包括各类平台）实现的。

- **系统应用架构：** 我们将上一步规划出的系统从蓝图中分拆出来，进行总体的设计，在保证业务应用架构各功能点的基础上，进行系统化的扩展，形成能够初步指导系统开发和实施的框架蓝图。

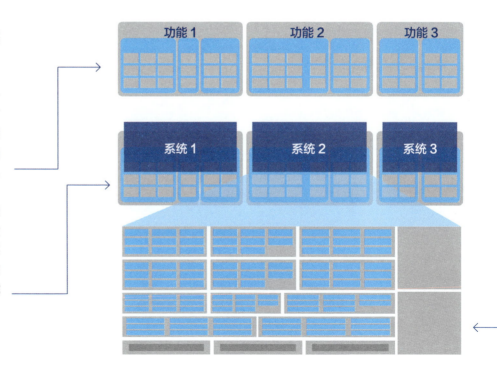

应用架构设计方案

在进行应用架构设计的过程中，我们需要根据数字化转型的需求，判断选择哪种 IT 应用架构。对于小型的数字化转型或单个系统应用架构的设计，我们可以考虑采用单体应用架构或垂直应用架构；而对于复杂的数字化转型，面向服务的架构、微服务架构是目前可以考虑的应用架构设计方案。

单体应用架构

所有的功能集中在一个项目工程中，部署在 Docker 容器或服务器中，且应用与数据库分开部署，通过部署应用集群和数据库集群来提高系统的性能。

单体应用架构简单、开发成本低，适用于小型的数字化专项项目，但因其全部功能集中在一个工程中，在大型项目中，不易开发、扩展及维护。

垂直应用架构

以单体结构规模的项目为单位进行处置划分，即将一个大项目拆分为一个个单体结构项目。

项目架构简单，前期开发成本低，周期短，是小型数字化转型项目的首选。此外，通过垂直拆分，原来的单体项目可以得到有效控制。不同的项目可以采用不同的技术。对于大型项目而言，垂直应用架构不易开发、扩展及维护。

面向服务的架构

基于 SOA 的架构思想将重复、公用的功能抽取为组件，以服务的方式给各个系统提供服务；各系统与服务之间采用 web service、RPC 等方式进行通信，ESB 企业服务总线作为项目与服务之间通信的桥梁。

面向服务的架构能够将重复的功能抽取为服务组件，提高开发效率，提高系统的可重用性、可维护性，并且可以针对不同服务的特点制订集群及优化方案。

微服务架构

随着敏捷开发、持续支付、DevOps 理论的发展，以及 Docker 等轻量级容器（LXC）部署应用和服务的成熟，微服务架构逐渐成为应用架构未来演进的方向。

通过 API 和微服务技术来包装业务和建立业务之间的接口，增加业务应用程序的颗粒细度，即将业务"解耦"成更细小的"组件"，便于跨渠道使用，快速重构业务。

数据架构设计

数据架构设计方法

数字化转型的数据管理能力的建立并非一个短期工作，一般企业需要根据自身的发展愿景建立一个路线图，分步骤持续地建立。通常，我们会按如下过程进行数据架构设计，但会依据数字化转型的复杂程度，制定"速赢"路线图，快速实现数字化转型目标。

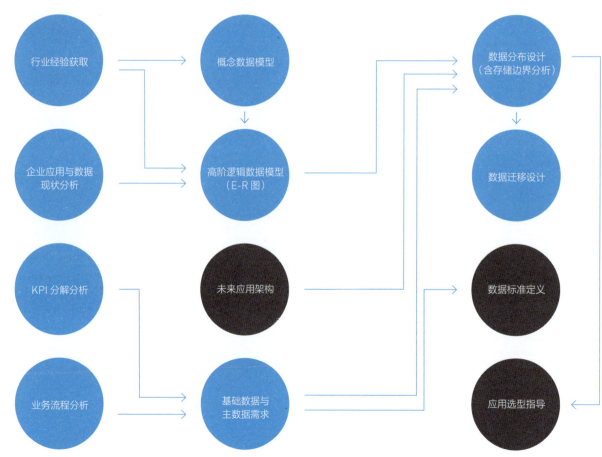

基础架构设计方法

- 应用系统软件的选择可能直接影响应用系统对基础设施的要求,因此在部分 IT 规划项目中不能同步完成这部分工作。
- 数据中心、服务器、存储设备、系统软件、网络等需要进行统一规划。
- 基础设施管理、信息安全和容灾应覆盖组织流程和技术两方面的内容。

数据中心	服务器	存储设备	系统软件
数据中心和机房的统一规划	服务器的选型和部署 服务器共享(包括逻辑分区、虚拟服务器等)	存储设备的配置,实现可升级的存储解决方案	操作系统、数据库等系统软件的配置
流程—系统管理—调和一致性			
行政管理和运营:监控和支持			

基础设施架构设计

IT 架构现代化和云平台

企业级 IT 架构从 20 世纪 70 年代的主机系统一层架构，发展到 90 年代的客户机 / 服务器的二层模式（ERP 系统是客户机 / 服务器时代的典型产物），继而在进入互联网时代后又进化为"N 层架构"（表现层、服务层、业务逻辑、数据存取）、SOA 架构、再发展到今天的云平台。

"云平台"是企业数字化最基本的技术要求，企业必须要有核心数字化平台，即 PaaS，无论是自建还是选择核心 PaaS，企业都应将遗留应用（legacy）向企业数字化平台上迁移，搭建无限的数据访问通道；构建现代化云架构，和外部各种云服务对接。

模块化中台

从由业务系统中的公用部分合并而成的"中台"，到经过各行各业的实践后业务中台和数据中台并行的"双中台"，"中台"这一概念如今有了新的发展——模块化中台，即将中台进行更细颗粒度的拆分，形成专注于不同业务或职能的"多中台"，如财务中台、物流中台、安全中台等。

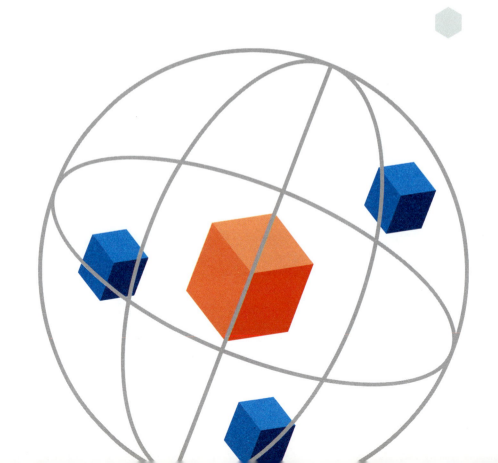

阿里巴巴中台的建设过程，就是"拆"中台的过程

阿里推出"中台"战略，将庞大的业务、服务能力，都装进了"业务中台"里，包括交易中心、支付中心、清算中台、用户中心、产品中心等13个业务域

自从拆分出移动中台、技术中台、风险能力中台、研发效能中台等，阿里巴巴就在"拆"中台的路上，越走越远

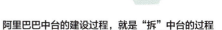

2015年底　　　　　　　　　　　**2018年**　　　　　　　　　　　**目前**

阿里巴巴提出了"业务-数据双中台"战略，可以理解为升级版的中台战略，依托阿里云 ET 大脑，向社会输出中台能力和方法论。阿里巴巴的中台一分为二：数据中台、业务中台

03-4

组织协同

组织协同机制设计 > 数字化转型先锋组织 > 数字化转型协同组织 > 数字化全组织转型

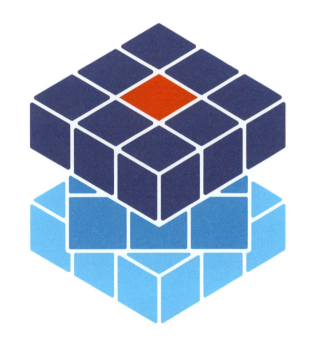

组织协同机制设计

数字化转型如何在组织内部顺利开展、落地是一个重要课题,数字化转型的开展方式和组织设计要根据企业自身特点及资源禀赋进行科学设计。

很多企业在转型过程中,往往会盲目跟从某些"前沿"的组织形式或管理方式,例如传统行业希望快速学习互联网公司的模式,希望短期内数字化能力可以得到飞速提升,从而实现业绩的飞跃。但传统行业的业务开展模式通常与互联网公司的业务开展模式差别较大,传统行业企业很大程度上并不具备开展互联网模式的能力,于是本来雄心勃勃的数字化转型最后往往草草收场。

因此,数字化转型的开展需要立足于自身组织能力的现状。特别是数字化程度较低的企业,不宜在短期内开展大规模的组织转型。所有企业都应循序渐进有计划地开展数字化转型,数字化转型不是一蹴而就的工作。

数字化转型需要公司从高层开始高度重视和全程参与,以及各相关部门充分协同,可通过以下三种组织形式进行。

- 数字化转型先锋组织
- 数字化转型协同组织
- 数字化转型全组织

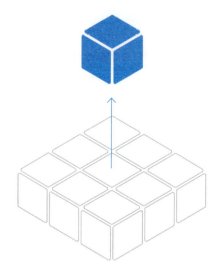

数字化转型先锋组织

从公司各部门盘点数字化人才,或聘请外部专家,组成数字化转型先锋组织,全职负责公司数字化转型工作。

局部

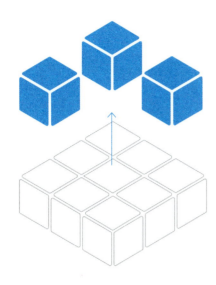

数字化转型协同组织

明确数字化转型的主责职能，以此为基础确定需深度参与的协同部门，并抽调人员，组成数字化转型工作小组，短期内全职负责数字化转型工作。

数字化转型完成后，小组回到各自部门，帮助各部门进行数字化提升。整体工作由公司高层组成的数字化转型委员会领导。

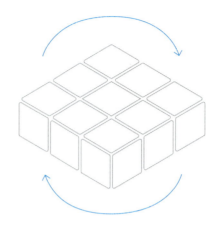

数字化转型全组织

按照特定规则，进行全组织重塑和数字化能力提升。例如：按照敏捷原则，通过遵循端到端的服务条线，全面重塑组织形式。

全面

数字化转型先锋组织

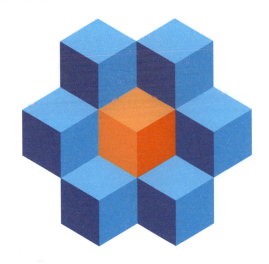

组织构成

数字化先锋小组为全职组织，往往由资深主管领导，如首席数字官或首席技术官，直接向CEO汇报。小组由核心业务职能人员、数字化人才以及项目管理人才组成。

职能

负责数字化转型工作的计划、落地协调以及项目管理工作，同时承担数字化卓越中心的职能。

- 根据公司既定战略，制订数字化转型方案和落地方案。
- 协调各部门开展数字化转型和项目管理工作，对项目落地的效果进行监控。

发展

数字化先锋小组慢慢发展成熟后,除了承担项目管理工作外,还可以承担数字化卓越中心的职能。

- 参与公司战略制定并提供数字化意见输入。
- 为各业务部门提供数字化资源并进行数字化理念宣传贯彻。

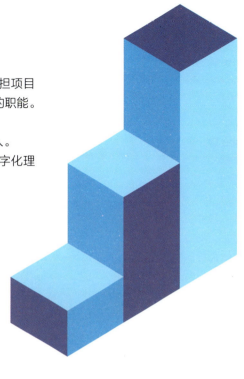

能力培养

数字化先锋小组的成员往往会成为整个组织当中数字化能力最优的人才,是组织未来进行数字化加速的"火种"。因此,要特别注意对先锋小组成员的能力培养,同时开始有序地、科学地培育组织的数字化文化。

数字化先锋组织的数字化变革方法

数字化先锋组织的工作逻辑往往突出两个特点："非线性"和"快速"。

非线性：过去各种主题的数字化联合项目组，通常会花费 2～3 个月的时间规划和制订未来 1～3 年的转型方案及实施路线图，经过高层批准后，再严格按照方案实施落地。整个过程呈线性状态，某些项目在设计阶段往往容易脱离现状，导致方案落地时发现方案不切实际，实施难度大，难以重新修订方案。因此，这种线性方案可能直接影响数字化转型的效果。

快速：很多企业的大型转型项目往往需要 3～6 个月才能进入实施阶段，企业一旦决策错误，付出的时间成本巨大。数字化转型应讲究快速方法论，企业要敢于做出不完美的决策并快速验证，及时纠正，力求将试错成本降到最低。

因此，数字化先锋组织的工作逻辑应是遵循敏捷理念，进行周期性循环快速变革。企业要提高对数字化先锋组织的时间要求，从计划执行到效果反思进而修正计划，整个过程都必须敏捷，通过按月或按季度周期性修正数字化变革的举措和计划，不断调整变革内容，提高数字化转型的成功率。

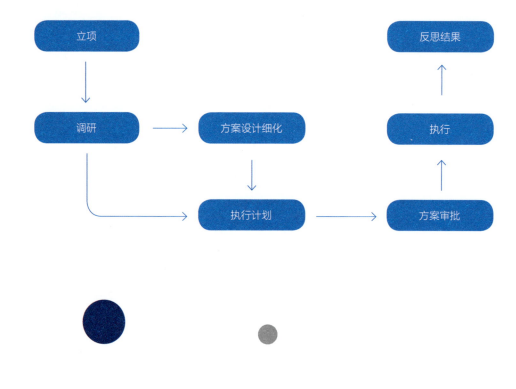

传统变革项目方法

敏捷变革项目（以 90～180 天周期性流程的敏捷计划为例）

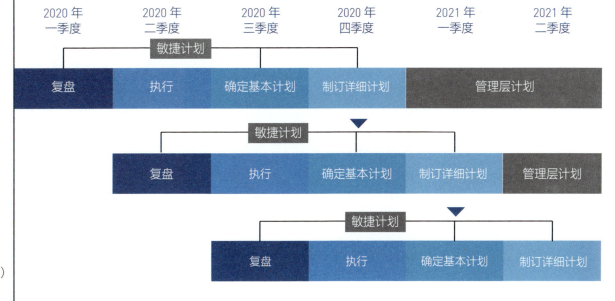

数字化转型协同组织

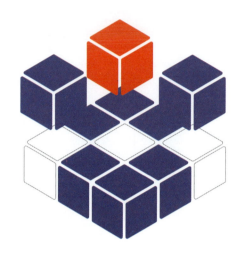

数字化转型领导委员会

- 数字化转型需要来自最高层的重视和参与，公司各大模块领导都应该参与到数字化变革中。
- 领导委员会负责对公司数字化工作进行指导，确定工作开展的优先级，并负责预算的审核和批复。
- 领导委员会可以下设工作组，全职负责数字化转型工作，负责根据数字化转型路线图组织开展工作。

数字化项目组成立

- 成立数字化转型项目组，并确定主责部门及项目负责人。
- 根据项目涉及的范围，确定深度协同部门及支持部门。
- 项目组成员，通过领导推荐或自荐方式参与项目，可视角色及任务要求确定是否为全职参与。
- 项目组成员确定后，共同研究项目目标、计划表以及预算等项目细节并达成共识。

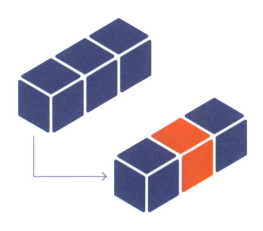

数字化项目组工作

- 项目组通过科学的项目管理方法，快速进行项目推进，可以借鉴敏捷等方法论，进行原型发布，快速反馈，持续改进。
- 在项目推进过程中，要持续进行变革管理，并将项目组的进展持续在组织中进行宣传贯彻，创建数字化文化氛围。
- 与数字化工作小组保持密切沟通，及时反馈项目的变化。同时，赋予项目组为了达到既定目标而需要的灵活性。

数字化项目组交付

- 项目交付时，项目组应向数字化转型领导委员会汇报项目成果，回顾项目过程，总结对公司数字化建设的意义，特别是对产生深远影响的主责部门和协同部门未来数字化发展的助力。
- 项目交付后，应进行项目复盘，分享项目成功因素，总结失败的教训，并应在公司内部进行宣传贯彻，明确公司数字化能力提升的进展。

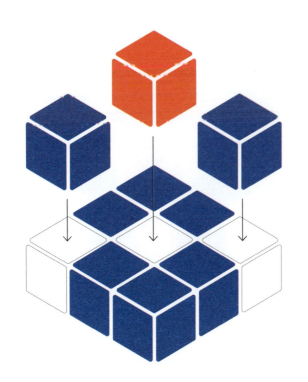

数字化项目组回归

- 数字化转型项目交付后，参与数字化转型项目的员工要总结在项目组工作中学习到的数字化方法论。他们回到日常职能部门中，将成为其所在职能部门数字化提升的关键员工。
- 关键员工将帮助本部门落地数字化项目，同时肩负着帮助本部门进行数字化提升的责任。

模块协同转型升级

- 各职能模块，以项目组成果和项目参与人员的数字化能力为点火器或加速剂，全力进行本职能模块的数字化业务提升，争取全面提升本职能的数字化成熟度。
- 同时，可以协调内外部资源，开展数字化能力建设，力求在本职能部门中培养一定数量的数字化人才，积累本职能部门自身的数字化能力。

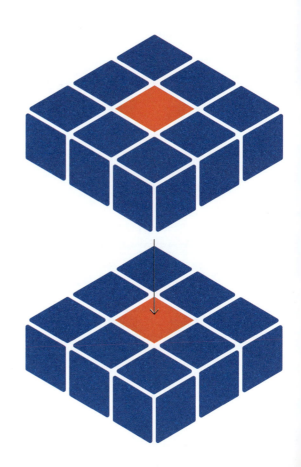

文化创建

- 数字化领导委员会存在于项目机制外,应该着重营造公司的创新文化氛围。
- 建立崇尚自我驱动、协助他人、勇于创新等体现数字化、敏捷等主题的文化价值,同时通过机制、流程以及制度帮助员工体会到数字文化的益处。
- 最终,力求实现公司的数字化建设由行政命令驱动转变成文化与数据驱动。

能力培养

- 除领导数字化转型工作外,数字化转型领导委员会应制订公司的数字化能力培养计划,定期检讨及跟进培养进度,以期培养多维度的数字化人才,为全组织数字化转型夯实基础。
- 企业依据现状特点,可以集中培养数字化能力,或在各职能部门中全面培养。

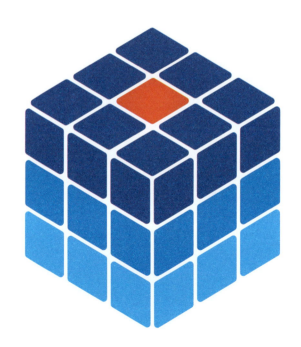

数字化全组织转型

数字化全组织转型的四个特点

众多数字化程度较高或已具备大规模转型能力的企业往往不满足于成立数字化先锋小组，或是采用局部协同转型的方法——这样的方法只能提升部分职能部门的数字化能力，获得短期的业绩利好，很难从根本上收获能持续支撑业务飞速发展的组织能力。

数字化时代的今天，万物互联趋势明显，创新迭代加速、沟通高频化等趋势催生了层出不穷的创新业务模式，因而要求优秀企业拥有相匹配的、灵活的、柔性的、可扩展的组织来支撑新的业务模式。

因此，数字化程度较高的企业迫切地希望通过脱胎换骨的全组织变革进行数字化发展，从根本上激活组织活力，实现组织对业务的强保障。目前，全组织转型往往包含以下特点：扁平化、模块化、平台化、去边界化。

扁平化

外部环境的快速发展和客户需求的个性化，都要求组织能够快速分散决策，同时让终端客户也能够快速反馈意见。因此，组织应该大刀阔斧去除冗余的管理层级，缩短高层大脑与一线团队的距离，保证组织能够快速做出反应，第一时间响应需求的变化。

这种扁平化组织，辅以现今发达的数字化科技可以将组织中"大脑"的智慧，以最小衰减影响快速传递给一线员工，同时为一线员工准备好充足的数字化工具，全面实现强赋能，从而有效提升客户满意度。

模块化

组织模块化即解构各业务环节的强耦合联系，使各业务环可横向或纵向分解成一个个可拆分、可配置、可组装的组件。通过将每一个组织模块中的特定流程进行标准化固定，可实现向外部输出标准化的服务。

近年来被广泛运用的共享中心就是典型的组织模块化的应用，例如人力资源共享中心以更高的效率和更低的成本提供标准化的人事服务。组织模块化体现出强大的灵活性、标准性以及创新性。

平台化

越来越多的企业建立企业级能力复用平台，通过集中资源，对通用能力进行高效沉淀和提升，为"前台"团队提供商业模式、IT应用、数据、管理方法论、人才等充分的资源和能力，以期高效支撑前台团队业务的发展需求。

凭借分享服务于前台团队不同场景下的通用能力，平台可以作为激发前台业务创新的工具库。各大前台业务团队得到平台关键赋能后，更易于形成差异化优势。目前主流的组织模式已经演化成大平台+微前台的模式，当然各大企业在小前台的组织形式上存在个性化差异。

去边界化

得益于数字化发展，组织不再强调边界。打破固有的部门内外部边界，甚至是打破企业的内外部边界，可以实现包含供应链各环节、客户、合作伙伴、政府部门等的生态体系，帮助企业充分实现灵活和非结构化。

例如，京东在践行竹林共生的生态中，尝试与供应商一起建立招聘平台，在满足内部需求的同时，也可以赋能外部，通过与供应商在能力打造上达成合作，最终可能使该平台演化成一个可盈利的单元。

敏捷架构模式的特征

在扁平化、模块化、平台化、去边界化的趋势下，很多全组织转型的方法论被广泛运用，例如敏捷架构模式、"大中台 + 微前台"模式、阿米巴模式等。很多公司把敏捷架构作为数字化转型的首选架构，因为敏捷架构所强调的跨团队合作、快速迭代、持续改进，可以充分释放组织和团队的创造力和灵活性。

战略统一	组织模式	充分授权	快速学习迭代	衡量框架
敏捷组织应设定清晰的愿景与使命，并能使员工充分理解后，产生高度认同，形成自驱力	敏捷组织可以根据工作性质不同，形成三种团队模式	形成小型、高度赋能的团队网络，小团队最多十几个人，高度自治、权责明确，不同于传统层级结构	流程快速迭代，通过各种敏捷工具，例如 Scrum，聚焦任务指标且频繁更新迭代	重产出，轻过程。端到端交付团队，聚焦交付目标是否完成
将愿景与敏捷业务价值创造路径充分匹配，便于员工专注于各个价值创造点，识别新的机会，以实现迭代创新	端到端交付团队，往往由跨职能团队组成，端到端负责产品或项目的交付，团队可以通过自我学习、自我组织实现交付目标	审批层级较少，加快决策速度	快速迭代缩短了员工的学习周期，同时小团队作战也有利于员工的快速成长	对于个人的绩效衡量转为采用更透明、更灵活、更能激发责任感的绩效考核体系
领导提供明确的战略性指引，并合理分配资源，确保敏捷组织的成功	自我管理团队，通过服务支持交付团队创造价值相对独立的协同团队，例如客服等	高度自治的团队，团队敬业度大大提升，团队所有人向同一个目标冲刺		
	专业资源池团队，多为支持职能团队，确保业务获得足够资源，例如 HR、法务等			

敏捷架构的特征

敏捷架构模式的难点 1

敏捷架构模式的一大难点——组织架构的设计，同样也是变革最关键的因素之一。敏捷架构模式往往会在组织形式上带来重大变化。组织性质的核心由原来按照流程条线划分的分工模式，变为按端到端"敏捷小组"划分的事业群组。

敏捷架构的设计原则

- 立足于公司战略发展目标，基于快速提升业务价值及提高管理效率原则，进行敏捷架构设计。
- 基于业务价值创造逻辑，重新审视现有组织架构及管控情况，衡量新架构产生的影响。
- 根据各业务模块的特点，明确"敏捷部落"搭建的范围，同时参考各模块的业务开展模式，最终确定敏捷部落框架。
- 在既定的敏捷部落框架下，围绕业务逻辑设计划分端到端的交付团队，即敏捷分队。

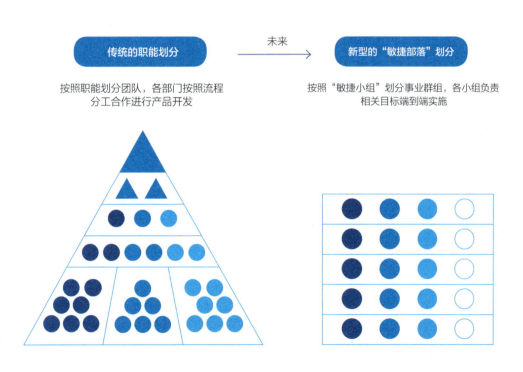

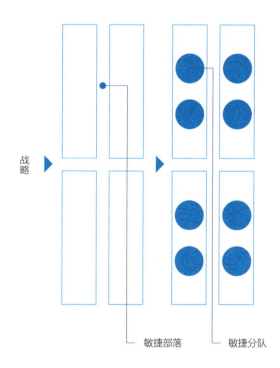

敏捷架构的设计

敏捷分队

敏捷分队，敏捷组织的最小单位，是一个跨部门的自我管理团队，主要负责某一项端到端的任务，通常由6～12名成员组成。分队完全自治，自我学习，成员有充分的自主权进行决策及进度调整，有共同目标，充满动力，自主分配工作，不需要领导和指挥。

每一个团队都配有一位产品负责人（PO，Product Owner），产品负责人仅对任务进行管理。敏捷教练就是敏捷架构中非常重要的角色，负责指导分队敏捷方法的导入，推动敏捷方法论的落地，以及提升小组成员敏捷能力并帮助转变思维观念。

敏捷部落

敏捷部落由多个职能相互关联的敏捷分队构成，总人数不超过150人。每个敏捷部落有一位负责人，该负责人主要负责排列任务优先级、对外沟通联络、协调各分队任务、监控所有分队进度等工作。

敏捷分部

敏捷分部由各分队和部落中具备相似专业能力的成员组成，保证跨部落提升相似能力，确保虽然在归属于多个相对独立分队的设计下，仍能实现专业知识的规模效应。每个分部有一位负责人，负责自己的成员在不同敏捷小组中的工作表现，承担起人员发展、绩效、薪酬管理等的工作。

敏捷协会

敏捷协会是类似兴趣社区的更具广泛性的开放组织，协会往往跨越整个组织，包括具备相关领域能力的成员及来自任意组织的有兴趣的员工。

敏捷教练中心

敏捷教练中心是所有敏捷教练组成的组织，负责培养和管理敏捷教练，并负有全面提升部落内组织和成员敏捷能力的职责，促进组织内敏捷思维方式的转变和文化的传播，积累敏捷工作方法。

敏捷分队

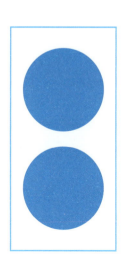

敏捷部落

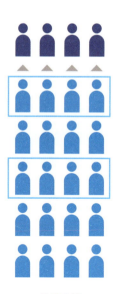

敏捷分部

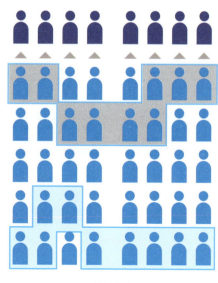

敏捷协会

敏捷架构模式的难点 2

敏捷架构模式的另一个难点，是衡量组织和个人绩效的方法。敏捷组织由于充分授权，为组织绩效以及个人绩效的确定增加了难度，这就需要企业在目标和绩效透明的基础上，建立科学的绩效衡量方法和框架。得益于技术的发展，数字化敏捷绩效可以通过系统实现多角色参与、实时追踪、灵活跟进。通过数据驱动，实时洞察，真实记录员工的表现和业绩，形成实时的管理数据积累和组织内部的人才发展洞察。

组织绩效

- 对于组织绩效，敏捷架构特别强调结果落地，可以充分运用 OKR 目标管理法，由战略目标逐级分解到部落目标及分队目标，通常允许团队通过定义自己的目标来提升积极性。
- 组织目标不再是一年或半年设定一次，而是动态变化的，要充分确保目标的合理性和激励性。
- 组织通过定期开业务回顾会的方式，通常一季度开一次，确保战略发展方向与各部落、各团队的目标及优先级相一致。同时业绩回顾会议会讨论绩效与关键结果之间的差异，进而提出改善的方法和建议，以期快速实现既定目标并提升业务水平。

个人绩效

绩效指标设定
- 科学性：横向角度，个人与团队成员互相沟通，确定团队内部分工，明确个人在团队中的职责；纵向角度，保持与分队负责人或部落负责人的沟通，确保指标与战略的一致性。
- 动态化：个人的目标是动态变化的，随组织目标与业务优先级契合度的调整而变。
- 鼓励主动性：个人可以自由提出自己的指标，鼓励自我驱动的精神，提升员工积极性。
- 透明化：引入目标和绩效的透明化，上下级和同事有权限看到各自的绩效目标，例如在谷歌，所有 OKRs，包括 CEO 的，对所有其他员工都是可见的。

绩效评定
- 不再使用打分制，而是采用优秀、良好、有待改进等较为宽泛的衡量指标进行评定。
- 绩效评价不再仅来自领导，还从多个信息源收集对个人的反馈。例如，分部领导评估个人绩效表现和发展潜力时，会收集并综合来自分队产品负责人、分队团队成员和敏捷教练的反馈。有的公司单人绩效反馈次数可达到每年 200 次。

绩效交流
- 由于敏捷团队崇尚团队协作，组织应该鼓励内部各种形式的绩效交流，包括上下级、同级别的交流，频繁的绩效交流有利于个人的持续改进。

以荷兰国际集团（ING）的敏捷转型为例

ING的敏捷转型被誉为非科技企业推行敏捷工作方法的实战典范。2014年，ING的CEO等高层管理团队意识到银行已经进入数字化产品交付时代，决心将ING打造成银行业的数字化领导者，于是在ING推进全组织敏捷转型，以往条线划分的组织彻底转型成了跨职能、多技能团队组织，权责明晰、全程负责。敏捷组织转型使ING全公司的生产力提升30%，产品发布的周期缩短80%，同时大幅提升了员工的参与度。

战略统一：

敏捷转型一开始，高管团队就明确了战略目标。ING致力于改善客户体验，缩短产品上线周期，搭建新的全渠道环境中的客户旅程，提供无缝且始终如一的高质量服务。

组织变革：

为了实现这一战略目标，需要重塑组织与人的关系，打破组织壁垒，摒弃等级森严的传统组织结构。因此，ING设立了新的人员及组织配置方式。同时，ING将组织按照敏捷分队、敏捷部落、敏捷分部方式进行配置，划分成了3000多个跨职能分队，14个部落。

快速学习迭代：

ING形成的敏捷文化，包括高成功驱动力、协助他人成功以及永远走在前面。员工在该敏捷文化中，勇于接受挑战，积极自我学习、自我迭代，同时极富合作精神，充满创造力，大大加快了产品的迭代和创新能力的提升。

充分授权：

ING赋予员工更高的权限，例如修改工作内容的权限、修正指标的权限等，员工有更强的责任感。

衡量框架：

绩效考核从回顾性的考核转变为可以实时反馈进度、实时改进的过程考核，ING提出了set up衡量框架，从目标设定、评价、讨论、持续沟通等五个方面提升员工和组织的绩效。

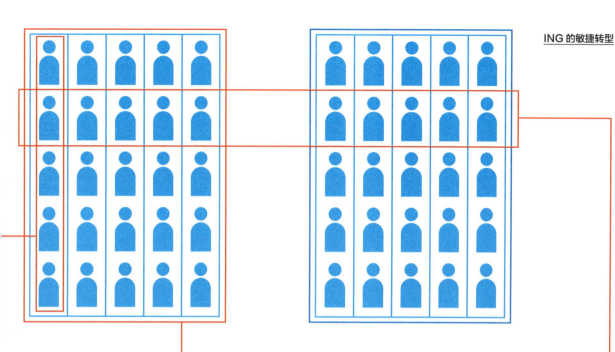

ING 的敏捷转型

敏捷分队
跨专业
自治
端到端全程跟踪达成客户目标
每个分队人数最多 9 人
配备敏捷教练

分队类型示例
分队 1：抵押贷款申请
分队 2：无线支付
分队 3：客户导入

敏捷部落
集合相关领域合作的分队约 150 人
统一由部落负责人明确工作重点、打破跨部门
沟通障碍、资源分配，并与其他部落协调

部落类型示例
部落 1：抵押代管服务
部落 2：全渠道体验
部落 3：零售银行日常业务

敏捷分部
具备深厚及精深的专业知识
帮助拓宽分队的知识面
人数通常为 8 ~ 10 人

分部类型示例
分部 1：偿债
分部 2：数字化产品设计
分部 3：平台设计、搭建及运营

03-5

生态提升

数字化生态模式 > 数字化生态路径设计 > 数字化生态圈落地

传统产业生态战略

传统产业生态战略往往寻求明显的协同点，通过线性扩张，打造生态模式。由于各行业所需要的能力和技术迥然各异，因此各行业能共享的资源较少，在产业生态模式的打造上往往会集中在紧密相关的价值环节。传统的产业生态一般注重线性逻辑打造，即产业链横向或纵向衍生，使得产业向上下游方向挖掘，可以直接产生更大的效益和增值。

数字化生态战略

在数字化科技加成下，各大产业都开始纷纷打造自己的生态圈，跨产业生态模式变成了常态。数字化生态圈战略体现出了以下特点。

<u>范围更广，跨界更大</u>
- 数字技术及数据由于极具通用性，催生出了不同业务逻辑下的共通技术场景和价值。这样的互通性使得产业在发展过程中可以超越本身的资源禀赋，从更广阔、更高阶的角度，思考建立或参与跨产业生态的可能，打破产业上下游的壁垒，与不同产业共融、共发展。
- 数据方面，众多不同业态均在搜集、储存、分析以及运用相同或类似的数据，数据资产可以在各个产业间相互复用。如：高净值人群数据画像在各个行业中都被需要，房产销售行业采集到的豪宅客户数据，做成客户画像，可以被不属于房产销售行业的大健康产业、保险产业重复使用，它们通过对豪宅客户数据进行分析来获得自己业态需要的客户数据，从而在产品设计、营销等各业务环节加以利用。
- 技术方面，基础架构、技术场景等基础技术可以在不同业务逻辑下被共享使用，例如：地理位置定位、消息推送、二维码、人脸识别等数字化技术。

<u>效率更高</u>
- 数字化生态战略共享数据和技术基础可以帮助各产业全面降低运营成本。例如：客户数据及技术场景的共享，使得产业可以大大降低获客成本并提升获客效率。

<u>效果更强</u>
- 得益于范围更广的生态战略，各产业可以实现产品和服务充分多样化，增加客户旅程触点，并在每一个触点上提升客户满意度；在深耕优势客户群的同时，扩大客户群体，促进交叉销售，从而在战略性指标和经济性指标上获得双丰收。

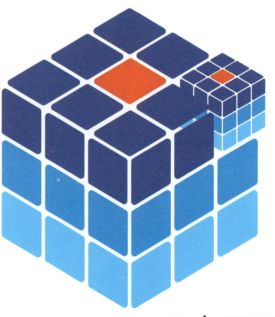

数字化生态模式

高科技产业拥有创新的科技能力及大量的数据积累，天生具备成为跨产业生态领导者的优势。但不是所有产业都有能力追求自由的跨产业生态，本身科技属性较低的产业，就很难成为跨产业生态群的引领者，如果一味强求，必定事倍功半。因此，数字化生态模式是需要根据产业的业务特点进行个性化设计的。

数字化原生产业
生态构建者

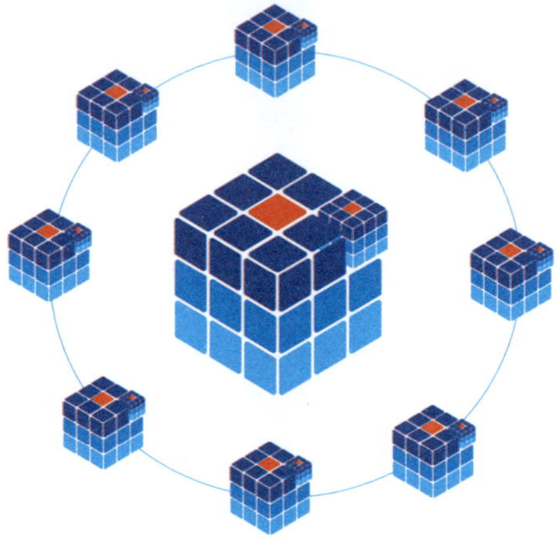

生态模式
- 这类产业拥有大量的数据资产、数据技术以及数据算力，可在各个产业产生场景、数据、价值上的互通和加成，除了带动自身所处产业的生态化以外，还可以与任何共享技术和数据的产业形成生态效应，共享数字化的低边际成本。
- 中心企业将形成松散的跨业态的磁场体系，吸引各类伙伴的加入。

产业示例
ICT 产业、金融保险产业

数字化能力

数字化追随产业
生态参与者

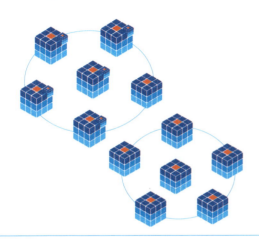

这类产业正在向数字化原生企业学习,通过科学的数字化转型,积累优质的自有数据资产及数字化能力。

通常情况下,这类产业会成为数字化原生产业生态的重要一员,与数字化原生企业共享生态优势,并快速地自我发展。同时,由于本身数字化程度较好,这类企业可以围绕自身形成强协同的紧密型生态圈。

大健康产业、教育产业等

传统产业
生态适应者

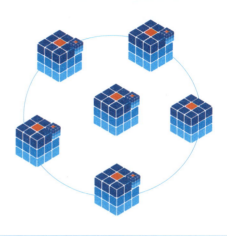

- 这类产业本身积累的数据较为专业及细分,不具备供分享的数据维度,同时产业本身对数字化要求不高。
- 这类产业不应追求打造以自身为中心的数字化生态圈,应努力辨别适合自己的数字化生态圈,充分借助数字化生态圈的能力快速实现转型。如果盲目追求数字化生态打造,由于能力和基础本身较为薄弱,投入产出比则会相对比较低。

建筑产业、运输与仓储产业等

数字化生态构建者

以互联网社交网络（Social Network Service，SNS）业态为典型的互联网原生产业，占据了 to C 段的互联网优质赛道，同时，基于 C 端流量的需求进行场景外延，拓展更多服务产品，建立起多元的生态体系。以腾讯为例，腾讯围绕微信、QQ 等社交网络积累了庞大的流量，发力娱乐、资讯、文化、支付等产业。凭借 C 端天然流量，腾讯进一步与旅游、大健康、教育培训等新场景合作，吸引了各种业态加入其生态圈，共享 C 端流量。

SNS 业态同样也会向基层技术方向发展，例如 Facebook 正在创建自己的操作系统，以降低对 Android Q 和 IOS 的依赖。腾讯发展云计算的初衷是为网页游戏开发者提供服务，随后由于腾讯云计算的发展，腾讯云被广泛应用在金融、游戏、零售、旅游、大健康等领域。

以 SNS 业态为例

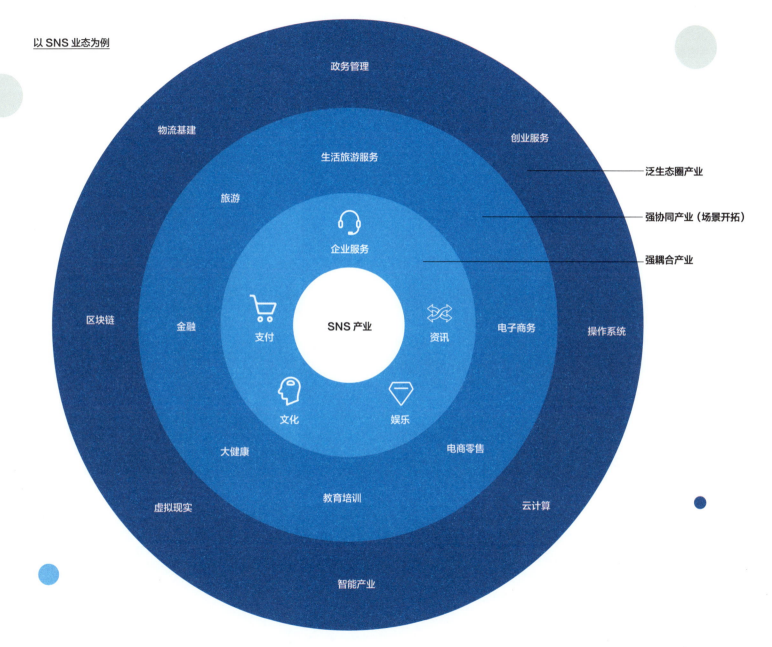

数字化生态参与者

非数字化原生产业可能短期内不具备成为数字化生态引领者的条件，但也不影响其享受数字化生态带来的益处，他们可以作为参与者加入数字化生态圈中，实现自身产业升级。

积极参与生态圈的发展

- 联合同产业企业积极参与各生态圈的发展，积极利用生态圈力量，助力本产业的数字化提升。
- 数字化生态参与者可以和所参与的各生态圈一起创造更多利于本产业发展的协同点，并加以利用。
- 关注数字化生态圈的发展，保持对前沿趋势的敏感度，发掘产业发展的机会。

数字化生态战略

- 根据自身特点，与产业中龙头企业一起共同确定产业的数字化生态圈战略，明确需要通过生态圈发展的能力及发展路径。
- 选择契合自身发展需求的数字化生态圈，生态圈可能有多个，明确自身在各个生态圈中的定位和角色，分析可能获取价值的合作方式。

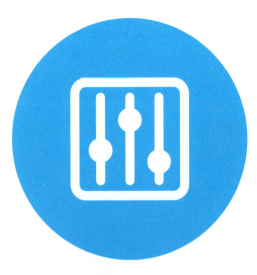

推动落地,衡量效果

- 确定数字化生态与产业的协同点后,各企业应积极将协同效应进行落地。
- 与外部伙伴合作,可能面临很多沟通及协调问题,要重视存在的差异,积极解决,让生态圈真正为产业带来益处。
- 定期评估生态圈的效果,通过充分衡量战略性指标(如客群数量、活跃度、留存率等)以及经济性指标(如盈利能力等),确定生态圈带来的效应。

培养生态创建能力

- 综合所参与的各生态圈合作模式及效果,产业中的各企业应该注重学习生态创建方法,思考自建生态的可能性。
- 充分分析自身的资源特点,可单独或联合其他企业,在各项条件均成熟的情况下,尝试自建生态,从而拥有数字化生态布局的主导权,获得更大的协同优势。

数字化生态路径设计

不管是数字化生态的构建者还是参与者,在创建或者加入生态圈的过程中,都会运用以下四种方式。

	自建生态	股权投资	战略投资	商业合作
适用情况	产业立足于外部发展的机会及内部的资源,可以根据一定的指标例如利润率、难易度等综合考虑,确定对企业或产业发展至关重要的能力,通过自建的方式,打造能力并获得全面掌控	对于必要的核心发展能力,如果企业认为自建生态难度过大,可以通过对已经发展较好的企业直接进行股权投资的方式获得必要的能力 企业识别自身需要的能力后,对目标业态和企业进行全面科学的筛选,进而确认股权投资方案,通过股权投资的方式可以较为全面地获得被投企业的核心能力和资产	对于重要性相对较低的能力,企业可以通过战略投资的方式开展合作。战略投资往往占股较小,可以用较低的成本,实现比较深度的合作,共享较为核心的资源和能力	对于重要性比较低且想要试水合作的产业或企业,可以通过商业合作起步。商业合作也是基于双方的双赢点开展的合作,往往合作门槛较低,较易于快速实行
难点	自建生态成本相对较高,时间较长,同时由于可能出现跨业态的情况,自建生态后,企业将面临完全不同的业务发展和业务管理难题	对目标企业的筛选以及在投资过程中对估值及投资条款的谈判,需要极强的专业能力 此外,投后管理至关重要,如果投后管理不佳,往往难以满足企业补充能力的期望	由于股份占比较小,因此对企业合作的管控能力较弱,对协同效应的利用存在较大挑战	由于商业合作不涉及所有权的交易,对核心、敏感的资产或技术双方一般不会在商业合作中全面开放,且合作中沟通成本较大,因此商业合作可以作为深入协同的起点
掌控能力	高	中	低	弱

数字化生态圈落地

单一企业在发展数字化生态战略时最重要的考虑应是可能拓展数字化生态圈的协同点及优先顺序,企业可以通过数字化魔方的转型价值轴和 8 个转型能力柱来结构性地思考未来生态的发展方向,进而结合魔方的现状及未来想达到的数字化目标确定优先顺序。

转型价值轴
从价值创造点进行深层次的思考,触发对更广生态圈搭建可能性的影响。例如:腾讯在 to C 模式业务的基础上,增加 to B 模式业务,基于这两种模式,可以集合范围更广的合作伙伴,打造新的核心竞争力。

增长转型能力柱
从战略性指标增长角度思考,例如从增加客户基数、提升活跃率、提高转化率等角度入手。

运营转型能力柱
从产能资源和供应链资源等运营角度思考,力求提升运营效率,减低运营成本,例如数字化供应链生态。

生态转型能力柱
从自身生态圈现状出发,结合数字化生态圈发展方法论,讨论自身数字化生态圈发展战略,以期获得更高的价值。

财务转型能力柱
从财务资源和工作方法角度思考,例如外包某些职能、与生态圈企业共享金融资源、投融资源导入、供应链金融等。

客户价值转型能力柱
可从品牌、目标客群、渠道等角度思考。例如:某保险公司与阿里巴巴共享特定客户群数据,有利于保险公司研究目标客户群的价值,从而研发更好的保险产品。

技术转型能力柱
从数据及技术的共享角度思考,企业可以优化其基础架构、技术,将这一能力变成解决方案,和合作企业共同开发产品或服务来降低企业的运营成本,或者企业可根据自身特点,淘汰某些不擅长的能力,采购合作方的技术或能力。

产品转型能力柱
从客户旅程角度分析,提供一体化或多组合式产品及服务,可以优先考虑同一客户旅程中满足各价值点的产品,例如提供一站式度假解决方案。

人才转型能力柱
从人才和管理资源角度思考,例如管理工作方法共享、成立联合工作组或互换轮岗、共享员工等。

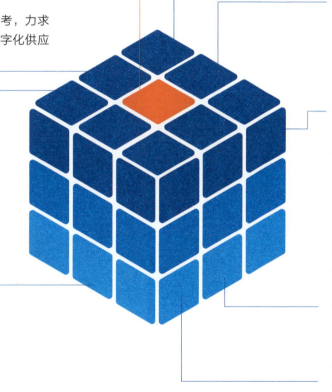

04-1

角色

以 CEO 为中心的首席角色

正如我们在第 1 章中所说,"3 个转型管理层 + 1 个转型价值轴 +8 个转型能力柱 +N 个业务场景 = 数字化魔方",实际上,围绕着转型价值轴的转型能力柱,暗含着以 CEO 为中心的首席角色——各个职能部门的"领头羊"CXO,他们协同发力,发挥不可或缺的价值和能力,推动企业的数字化转型走向成功。

过去,精通技术的 CIO 或者 CDO 常在数字化转型中发挥明显的领导作用。现在,CEO 的角色则更为关键。美国麻省理工学院斯隆管理学院的研究数据显示,在数字化成熟度较高的企业中,领导数字化转型这一艰巨任务的负责人有 41% 是 CEO,而 CIO 只占 16%。

这种关键角色的变换,原因主要在于数字化转型并非单纯的信息化转型,而是包含了技术转型、业务转型和组织转型在内的"一把手工程"。CEO 这一角色的天然职责和能力,不仅在于其能积极获取董事会对数字化转型的支持,更在于其能为数字化转型提供充足的资源和预算,并且倾注了比以往任何时候都更多的精力用于改变组织的商业模式、人才和文化。

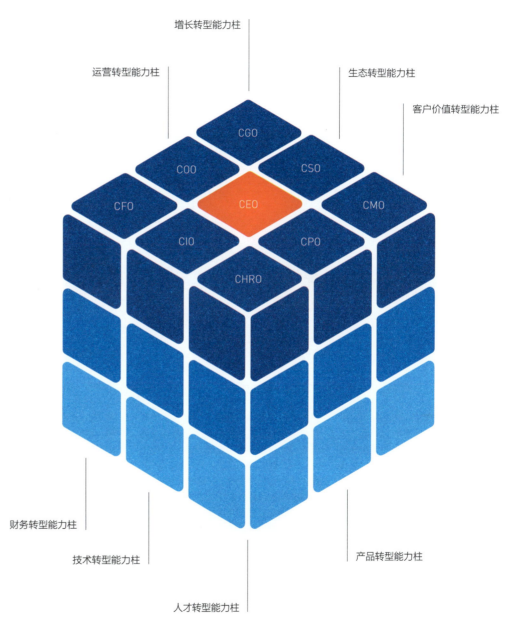

新角色登场

除了以 CEO 为中心的首席角色，我们预测未来的组织里会出现一大批新角色，他们的创造力将不断提升整个企业的数字化成熟度。接下来，我们用数字化魔方揭晓各个转型能力柱的典型新角色。

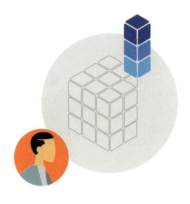

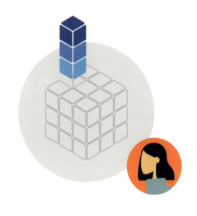

增长转型能力柱

新角色：增长黑客

增长是指根据实际运营的数据，快速进行反馈、优化和迭代；黑客是指采用可测试、可追溯的技术手段或运营方式来突破瓶颈，并实现规模化。增长黑客并非单纯意义上的市场团队或运营团队，而是以数据为核心驱动、拥有开发能力的研究型团队。对于增长黑客来说，利用少量资源，最大化地拓展更多的客户，是其使命。

生态转型能力柱

新角色：生态架构师

生态架构师的核心职责，是依据企业的数字化愿景和商业模式，为企业建造融合新技术且推动业务创新的商业"栖息地"——他们要划定这片栖息地的边界，确定什么适合在这里生长和什么不适合；他们还要思考栖息地的物种之间的关系，以及与外部环境的关系；他们也要指导栖息地的开发和进化，确保这里的发展可持续。

客户价值转型能力柱

新角色：客户成功经理

客户成功经理连接着产品价值和客户价值，帮助客户最大化了解产品的价值，继而帮助客户在其所在领域获得成功。客户成功经理必须是业务专家和行业专家，同时，客户成功经理还需具备数据分析预测能力，主动识别客户的需求并主动给予帮助和关怀，从而实现客户增购、续约。客户成功是面向企业客户的 SaaS 行业的新兴概念，这一概念也将逐步影响其他各个行业及各个领域，如帮助个人消费者成功、帮助员工成功。

运营转型能力柱

新角色：行业价值专家

行业价值专家积累了所在行业的专业知识和最佳实践，极其熟悉行业的价值关键、流程和痛点，不仅能够为企业输出业务转型的解决方案，而且能够连接运营体系内外资源和上下游环节，帮助企业找到降本增效、优化业务流程的最佳路径。

产品转型能力柱

新角色：数字化产品经理

由于数字产品本身是企业转型时业务战略落地的关键，因而数字化产品经理的责任更大、职能范围更广，与传统的互联网产品经理有所不同。他们要负责数字产品的全生命周期管理——从战略规划到概念研究，再到开发交付，最后到运营并实现增长。卓越的数字化产品经理不仅是产品战略规划师和用户体验设计师，更是敏捷开发负责人和数字化运营专家。

财务转型能力柱

新角色：财务工程师

财务工程师既需要具备会计核算能力、财务报表分析预测能力，还需要具备参与 RPA 实施与应用的能力。对于数字化时代的财务职能来说，财务工程师这样的专门人才将成为最具潜力的新角色。

技术转型能力柱

新角色：AI 训练师

AI 训练师可以说是数据标注人员和 AI 产品经理之间的桥梁，需要具备优秀的数据能力、分析能力和沟通能力。一方面，AI 训练师要细化数据需求，从而制定并优化数据标注的规则，以确保数据标注工作的质量和效率，并为产品体验提出合理建议；另一方面，AI 训练师还要验收数据，进而积累细分领域的通用数据。

人才转型能力柱

新角色：员工体验专家

员工体验专家很清楚地知道员工是谁，想要什么，以及让员工感觉良好的因素有哪些，并把企业打造成为员工主动想要去的地方而非生硬死板的工作场所。员工体验专家不仅需要营造文化环境，让员工认同自己是团队不可或缺的一分子，还需要打造技术环境，帮助员工依靠技术工具和设备实现高效协同、交流和创造。另外，员工体验专家还需要优化工作空间，让现代化、多样化的办公环境变得更友好，从而帮助员工提升工作效能。

人力资源和社会保障部于1999年制定并发布了《中华人民共和国职业分类大典》，旨在促进职业教育，促进专业化程度加深，并于2015年修订。然而，随着社会与技术的发展，又有一批与数字化技术、数字化业务相关的新职业与新角色随之诞生，人社部也于2019年和2020年先后发布了两批新职业。

第一批新职业	第二批新职业	第三批新职业
人工智能工程技术人员	智能制造工程技术人员	区块链工程技术人员
物联网工程技术人员	工业互联网工程技术人员	城市管理网格员
大数据工程技术人员	虚拟现实工程技术人员	互联网营销师
云计算工程技术人员	连锁经营管理师	信息安全测试员
数字化管理师	供应链管理师	区块链应用操作员
建筑信息模型技术员	网约配送员	
电子竞技运营师	人工智能训练师	在线学习服务师
电子竞技员	电气电子产品环保检测员	社群健康助理员
无人机驾驶员	全媒体运营师	老年人能力评估师
农业经理人	健康照护师	增材制造设备操作员
物联网安装调试员	呼吸治疗师	
工业机器人系统操作员	出生缺陷防控咨询师	
工业机器人系统运维员等	康复辅助技术咨询师	
	无人机装调检修工	
	铁路综合维修工	
	装配式建筑施工员	

* 橘色字体部分为与数字化技术或业务相关的新角色

企业自身各个职能部门在数字化时代将诞生许多新的角色，而越来越多的新角色也将得到官方的认证与背书。随之而来的相关的政策红利与倾斜，也是我们需要抓住的新机会。

技术角色
在三版新职业中，占比最大的就是与人工智能、物联网、区块链、大数据等前沿技术相关的技术角色，这些角色包含了开发、维护等信息技术人员，也包含了检修调试等蓝领技术人员。

运营角色
技术之外，相关运营岗位的增加也较为明显，如全媒体运营师、互联网营销师等岗位就赫然在列，目前大火的直播带货中的直播销售员也作为互联网营销师的一个分支被强调。

管理角色
技术与运营之上，一些特定的管理岗位也出现在新职业中，例如数字化管理师，这一职位可大可小，可以是企业IT部门改革的负责人，也可以是负责企业整体数字化转型的高管。

从职业发展路径到职业生长网格

同样地,在敏捷的组织里,员工的职业路径也将随着新角色的诞生而发生转变。过去,员工在某个职能领域里不断深化在该领域的专业知识和能力,沿着既定的道路向上成长。现在,这一垂直的职业发展路径被打破,演化成为一张职业生长网格,随着个人能力的更新和提升,各种可能性层出不穷。

这个趋势在数字化魔方中也有所反映。例如客户价值转型能力柱所对应的营销职能,如果在以前,员工大多会沿着"市场专员—市场主管—市场经理—市场总监—首席市场官"这条路径向上发展;而如今,员工的成长路径将向外延伸至营销职能周围的产品职能(产品转型能力柱)、战略职能(生态转型能力柱),甚至增长职能(增长转型能力柱)。

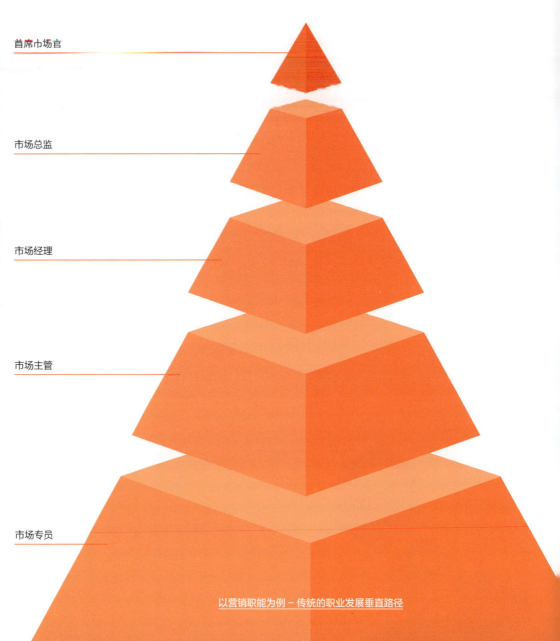

以营销职能为例 – 传统的职业发展垂直路径

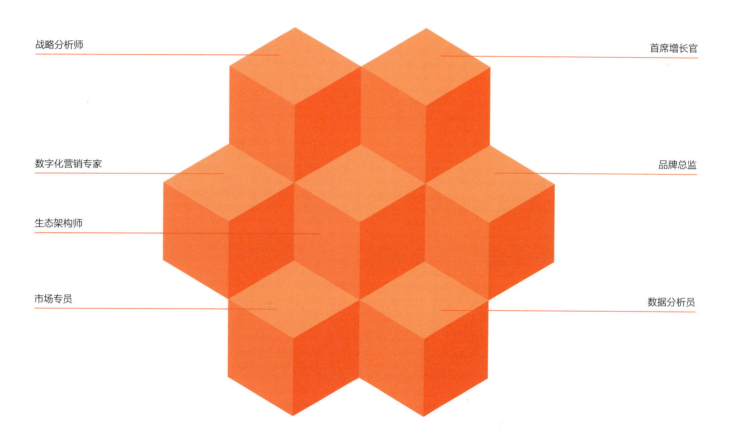

以营销职能为例：数字化时代的职业生长网格

战略分析师　　　　　首席增长官
数字化营销专家　　　品牌总监
生态架构师
市场专员　　　　　　数据分析员

DIGITAL CUBE

04-2

技术

由数字技术推动的这场革命刚刚拉开序幕,它带来的影响也许会远远超出我们的想象。而对技术趋势与其应用场景的了解与把握也是每一位数字化时代弄潮儿的必备素养。我们选择了九种已经或者即将对人类社会产生巨大影响的技术趋势与大家分享,在未来几年中,我们将一起见证它们带来的巨大变革。

数字孪生 Digital Twin

在未来，每一个人都可以拥有一个自己的数字克隆体

数字孪生是实际存在的物理产品的一种数字化表达，通过建立模型、挖掘数据等多种手段将物理实体在数字世界进行虚拟化映射，并通过数字模拟反馈给产品设计，以进行产品的全周期生命管理，是现代工业智能制造的基础。随着与5G网络、物联网的互动，数字孪生技术将在未来发挥更大潜力，改变我们的生活。

应用场景：医疗健康管理

通过可穿戴设备、传感器，复制出一个数字化身体，实时可视化地追踪查看身体的健康变化，并进行健康管理，提供饮食与运动建议，问诊，以及更为复杂的医疗操作。

人工智能 AI

这是人类与机器协作互动，和谐共生的时代

人工智能经历了从最初的快速存储与计算的计算智能阶段，到通过激光灯感知设备与外界交互的感知智能阶段。在未来，人工智能将朝着认知智能的方向发展，不仅能计算，能感受，更能理解并做出相应的反馈，甚至能处理抽象概念，进行思考。未来人类与机器将最大限度地协作，机器将大量承担人类现有的工作，而人类则可以将想象力与创造力释放到更多领域。

应用场景：自动化零售

通过流程自动化，可以改善零售业采购、仓储、物流等运营关键环节，同时可以作用于账目管理及销售与市场。比如，可以利用超级自动化实时分析，洞察销售数据，减少人为误差，提供最优决策。

超级自动化 Hyper Automation

不仅是流程自动化，更是逻辑与决策智能化

机器人流程自动化已经被运用到了多种场景中，它通过模拟人进行操作时的路径，将大量机械与重复的人工操作取代，极大地提高了生产运营效率。在未来，自动化将与人工智能进行更深入的结合，企业运营的更多维度将进入自动化阶段。通过对逻辑的学习与预测，越来越多的决策将自动产生，而非基于人为因素。

应用场景：人工智能老年陪护

基于对老龄人口数据库的掌握及各种场景的分析，快速进行敏捷响应，实现由集健康管理、情感配合及生活助理等职能于一身的人工智能陪护师应对老龄化挑战。

人类增强 Human Enhancement

当钢铁侠从荧屏走入生活

追求长生不老，修炼金刚不坏之身是人类几千年来不变的迷思。通过人类增强技术的发展，细胞疗法使人类基因得到增强；多种可穿戴设备使人类的听觉、视觉得到增强；金属骨骼、机械手臂使人类身体机能突破限制；脑神经与芯片连接控制癫痫的技术可以用于大脑的开发……伴随着哲学与宗教的质疑，人类增强仍然是在未来可极大改善人类共同体命运福祉的技术。

应用场景：金属骨骼配送员

京东已经在几年前开始尝试为配送员配备外骨骼设备，以减少劳作对人体的伤害。在未来，随着外骨骼设备的性能和性价比进一步得到改善与提升，它将越来越多地进入我们的生活。

分布式云储存 Distributed Cloud

同一片天空，不同的云储存

"云"作为互联网时代的基础设施已经无处不在，然而，越来越多的数据量在一定程度上造成了延迟与安全问题。为了避免"数字霸主"这样的涉及数字主权的监管问题产生，分布式云必然成为下一个趋势。集中式云将向分布式云演进，数据中心不再处于大一统的位置，公共云、本地云、混合云可自由结合所用，以最大限度提高效率，降低风险。

应用场景：廉价储存服务

通过分布式云储存，创建数据市场，用较为廉价的机器组建服务器集合群以储存数据，成本往往是集中式储存的十分之一。

区块链 Blockchain

当我们讨论区块链时，这些正在发生

被讨论许久的区块链正朝着使用场景多样化与实用化的方向发展。区块链可以将在线交易进行分布式记录，具有高度透明和可追溯的特征，这些特征使其可应用于多种场景。除了比特币等数字货币外，区块链正在与更多商业应用场景结合，在金融、支付、供应链领域发挥实际性作用。

应用场景：CRM 系统革命

大量企业利用 CRM 系统连接销售团队，集合大量数据。利用区块链技术，可以实现 CRM 系统分布式记录，提高数据安全性，更好地保护用户隐私，提供更全面的用户视图，帮助企业进一步了解需求，进而反馈改变传统 CRM 使用习惯。

边缘计算 Edge Computing

计算的未来，就在我们忽略的边缘地带

电脑诞生之初，就与计算这一功能密不可分，在物联网深入发展的今天，计算也进一步进化，边缘计算正在逐渐发挥更多作用。利用网络边缘来处理数据，可提高响应效率，减少能耗，保证数据安全，实现对未来越来越多的智能终端与数据的支持。边缘计算，是继云计算之后又一解放生产力、提高效率的前沿技术。

应用场景：赋能智能制造

工业领域的智能制造对响应要求极高，延迟容忍度低。随着 IoT 的发展，工业网络涵盖更多的设备与终端，需要处理海量数据。边缘计算提供了快速响应的数据数理能力，赋能生产效率的提升，减少误差，实现毫秒级别乃至更快的反馈速度。

数字伦理与安全 Digital Ethic and Security

趋善的技术，向善的商业

伴随着数字技术的深入，数据隐私与透明度、安全与伦理日益走上了风口浪尖。企业在部署高新科技同时，应注意对数字伦理、安全、隐私的保护和尊重，这是新兴技术与未来科技发展的底线。而对安全与伦理的保护，人们越来越寄托于向善的 AI 技术，如进行安全监测、加密等操作，保护每个人的数字资产。

应用场景：AI 换脸的狂欢盛宴

近期，一款 AI 换脸软件风靡于网络，用户通过自拍面部，可对多个影视剧人物的面部进行替换，生成视频。然而，该软件对用户的生物识别数据进行占用，引发了对数据安全的争论，因此被要求下架整改。可见，一个未进行数字伦理与安全合规反思的企业是无法得到良性可持续发展的。

无限体验 Infinite Experience

身未动，心已远的未来体验之旅

虚拟现实（VR）、增强现实（AR）和混合现实（MR）已经进入我们的生活，但它们带来的影响远远不止今天我们看到的。得益于多种可穿戴设备、感知技术、人机交互的发展，未来的虚拟体验经验将落地于更多场景，并提供更为沉浸式的体验。

应用场景：虚拟培训

目前，飞行员已经可以熟练地借助 VR 进行培训，在未来这样的职业培训会进入更多高风险行业，如石油、采矿等。通过在虚拟世界的操作、安全等系列培训，减少真实世界造成的人身安全伤害与金钱损失。

04-3

素养

数字化魔方已经为企业的数字化转型提供了愿景、路径与方法,那么伴随着企业各个职能部门的转型,作为企业有机组成部分的员工也需要随时做好转型的准备——不仅要拥有硬技能与新技术,还要拥有适应数字化时代的基本软技能。

让我们再次回到魔方,虽然扁平化组织已经成为潮流,但是从企业整体战略考虑,处于不同位置的企业员工及管理者在提高个人能力与素养时,往往有着自己的侧重点。这些软技能纵横交错,只有企业的每一个有机个体都有意识地进行提高与学习,数字化魔方的转动才会更顺滑,进而更快、更好地实现转型的成功。

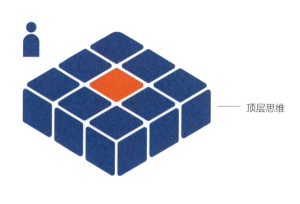
—— 顶层思维

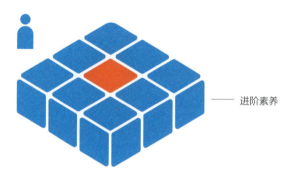
—— 进阶素养

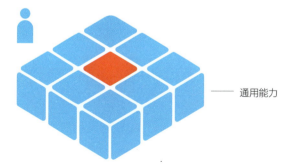
—— 通用能力

顶层思维

数字化魔方思维

企业领导层应拥有数字化转型的大局观，清晰地认识到数字化转型是牵一发而动全身的"一把手工程"，魔方是有机交互的集合体，正如企业的数字化进程一样，需要企业各个职能部门的配合。

无论转动魔方任何板块，都可以开启玩转魔方之旅，企业的数字化转型亦是如此。企业可以从自身角度出发，选择最适合自己的转型路径。

选择合适的路径后并非必须一成不变，在数字化进程中企业可以定期使用魔方工具进行复盘与调整，从而以最优效率达到最大效果。

*具体方法详见本书第 3 章

战略性思维

战略性思维包含了发现战略、制定战略、实施战略几大部分。它要求我们必须从长远和全局的角度去看问题。战略思维过程是复杂的，亦如企业的数字化转型。企业必须把每一个行动放在战略框架中进行考量，勇于试错，勇于调整。

关键词

- 战略预测
- 形成战略目标
- 明确战略任务
- 提出战略方针
- 制定战略措施
- 战略实施的反馈及战略修正

数字化教练能力

教练能力在 20 世纪 80 年代被引入管理界，作为一种激发员工能力的领导技能得到发扬光大。这种以启发代替命令的管理方式在数字化时代显得尤为重要。在这个 VUCA 时代，总是试图修复员工错误的机械管理模式不再适用，一个赋能员工的领导者，必须要建立与员工的信任关系，善于发掘优势，组建优秀团队。

关键词

- 与下属建立常态化教练关系
- 使用目标、现状、选择、意愿四步走的 GROW 模型进行教练
- 在合适的时候，使被教练对象成为教练并掌握教练技巧
- 制定战略措施
- 战略实施的反馈及战略修正

创新文化建设

企业领导层是企业文化的决定者，而企业文化作为企业转型的组织赋能核心，是支持企业数字化转型，构建核心竞争力的重要驱动力。因此，创新文化建设对于企业的数字化转型，或者说对于企业的长期良性发展尤为重要，这就要求企业的领导者必须拥有进行创新文化建设的思维与能力。

关键词

- 前沿技术及商业思维
- 创新性的组织
- 多层面创新变革
- 合理性创新
- 可持续创新

进阶素养

设计思维

设计思维早已经从设计行业进入各行各业，甚至儿童教育界也举起了设计思维的大旗，归根到底，设计思维中以人为本的观点和互联网时代的核心要求不谋而合，这也是我们要强调设计思维的原因。设计思维已经成为IT和产品开发的关键。通过观察分析用户行为，洞察需求，并设计出数字化产品和服务，是产品开发的金牌准则。

关键词

- 思考
- 调研
- 构思
- 改进
- 打样
- 实施

成长性思维

成长性思维是企业员工适应转变的原动力。人的思维模式一般可分为成长性思维与固定性思维两种。故步自封、沉溺于现状的思维模式，必将在数字化时代被淘汰。试想，在大量机械重复性工作可能被人工智能取代的明天，勇于尝试、注重过程、敢于跳出舒适圈的成长性思维人才才是职场中不败的终极人才。

关键词

- 认清现有思维模式
- 观察
- 定义
- 接受和内省
- 改变

敏捷思维

敏捷作为一种项目开发与管理的模式，在数字化时代被广为应用，而敏捷的思维模式也是我们急需的一种基本素养。要想思维变得敏捷，我们首先要包容不确定性，提高容错性，拥抱变化。敏捷并不只是工具和架构，更是一种心态。敏捷的核心就是敏捷心态，一种基于敏捷价值观、原则及实践的心态或做事情的思维哲理。

关键词

- 迅速
- 持续
- 高效沟通
- 以个体为核心
- 减少不必要的工作
- 反思

精益思维

精益思维来源于精益生产，强调消除不必要的浪费，提高效率、创造价值。这种消除不必要的浪费的精益思维也是数字化时代员工的必备素养。人浮于事、尸位素餐的现象必将逐渐消失，只有着力于为既定目标创造价值，设计价值流，才可以处于不被淘汰的位置。

关键词

- 引入精益思想
- 建立标准化、机构化模式
- 确保价值流不间断
- 确保各要素之间的互动
- 执行

通用能力

信息收集与快速学习

随着数字技术的发展，信息的获取变得前所未有的简单，而信息的唾手可得也造成了信息的良莠不齐。从海量的信息中甄别出有价值的信息，并加以理解与分析显得尤为重要。拥有强大的信息收集与处理能力要求我们首先拥有强大的逻辑思维能力，同时保持学习热情，了解行业信息，保持敏锐与洞察，以筛选和获取有价值的信息并转化为行动力。

关键词

- 筛选
- 锁定
- 处理
- 提炼
- 行动

时间管理

当我们发出"时间不够用"的感慨时，才会意识到时间管理的重要性和必要性。实际上，时间管理的目的并非要把所有的事情做完，而是高效地运用时间实现既定的目标，同时降低过程中的变动性。

关键词

- 任务收集与罗列
- 分类与目标制定
- 优先级排序
- 计划与行动
- 复盘

解决问题

数字化时代的快速迭代同样也使问题出现的频率加快了，而扁平化的组织形式与敏捷的工作方式，要求我们必须拥有快速解决问题的能力。随着技术的日新月异和商业环境的瞬息万变，今天的解决方案可能已无法适应明天的需求。因此我们必须要打造自己解决问题的核心能力，掌握解决问题的步骤与方法。

关键词

- 问题定义
- 问题拆解
- 优先级与计划
- 分析
- 总结与归纳
- 输出

高效表达

想清楚、说明白，是职场乃至日常生活的一项重要却经常被忽略的技能。而在时间越来越碎片化，抓住注意力的机会稍纵即逝的今天，高效表达显得尤其重要。高效的表达，在背后缜密思考与逻辑的支持下，要表现出对主题、论据、结论以及行动的结构化呈现，使信息得以被最大限度地还原并被接受。

关键词

- 演绎
- 归纳
- 结构化（金字塔结构）
- 呈现

微信搜一搜
数字化魔方

关注微信公众号"数字化魔方"，详细了解更多数字化时代的基本软技能。

附录

参考文献

[1] 曾鸣. 智能商业 [M]. 北京：中信出版集团，2018.
[2] 亚历山大·奥斯特瓦德，伊夫·皮尼厄. 商业模式新生代 [M]. 黄涛，郁婧，译. 北京：机械工业出版社，2012.
[3] 蒂姆·布朗. IDEO，设计改变一切 [M]. 侯婷，译. 北京：万卷出版公司，2011.
[4] 亚历山大·奥斯特瓦德，伊夫·皮尼厄，格雷格·贝尔纳达，等. 价值主张设计：如何构建商业模式最重要的环节 [M]. 王坤，曾建新，李芳芳，译. 北京：机械工业出版社，2015.
[5] 曾鸣. 智能战略 [M]. 北京：中信出版集团，2019.
[6] 冯国华，尹靖，伍斌. 数字化：引领人工智能时代的商业革命 [M]. 北京：清华大学出版社，2019.
[7] 迈克尔·波特. 竞争战略 [M]. 陈丽芳，译. 北京：中信出版社，2014.
[8] 赵兴峰. 数字蝶变：企业数字化转型之道 [M]. 北京：电子工业出版社，2019.
[9] 新华三大学. 数字化转型之路 [M]. 北京：机械工业出版社，2019.
[10] 王兴山. 数字化转型中的企业进化 [M]. 北京：电子工业出版社，2019.
[11] 尼古拉·尼葛洛庞帝. 数字化生存 [M]. 胡泳，范海燕，译. 北京：电子工业出版社，2017.
[12] 约翰·斯宾塞，A J 朱利安尼. 如何用设计思维创意教学：风靡全球的创造力 [M]. 王頔，董洪远，译. 北京：中国青年出版社，2018.
[13] 克里斯托弗·迈内尔，乌尔里希·温伯格，等. 设计思维改变世界 [M]. 平嬿嫣，李悦，译. 北京：机械工业出版社，2017.
[14] 杜绍基. 设计思维玩转创业 [M]. 北京：机械工业出版社，2016.
[15] 沃尔特·布伦纳，福克·尤伯尼克尔. 创新设计思维：创造性解决复杂问题的方法与工具导向 [M]. 蔺楠，曹洁，周萍，译. 北京：机械工业出版社，2018.
[16] 尤尔根·梅菲特，沙莎. 从 1 到 N 企业数字化生存指南 [M]. 上海：上海交通大学出版社，2018.
[17] 德勤管理咨询. 2020 技术趋势报告（中文版），2020.
[18] 波士顿咨询. DigitalBCG 大中华区季刊：管理炼金，敏捷聚力 [R].
[19] 波士顿咨询. DigitalBCG 大中华区季刊：创新点亮数字化之旅 [R].
[20] 廖天舒，何大勇，李洋. 数字化时代的商业革命 [R].
[21] 腾讯研究院. 数字中国指数报告 2019[R].
[22] 中国信息通信研究院. 全球数字经济新图景（2019 年）——加速腾飞 重塑增长 [R].
[23] Brian Solis. 全球数字化转型现状研究报告（2018-2019 EDITION）[R].
[24] Joydeep Sengupta, Vinayak H V, Miklos Dietz, 钟惠馨, 吉翔, 肖凌霄, 李智文. 优秀企业如何掘金生态圈 [R].
[25] 埃森哲，埃森哲研究部，国家工业信息安全发展研究中心（工信部电子一所），中国两化融合服务联盟. 发现新动能 中国制造业如何制胜数字经济 [R].

[26] 华强森，成政珉，王玮，James Manyika，Michael Chui，黄家仪．中国数字经济如何引领全球新趋势 [R]．
[27] 德勤管理咨询，中国连锁经营协会．中国零售企业数字化转型成熟度评估报告 [R]．
[28] 刘洋，郑堃，谢晨，李琛，孙思源，徐演妮．新零售下品牌消费者为中心的数字化转型——消费者运营健康度指标体系解读 [R]．
[29] 毕马威中国，中国连锁经营协会．重塑增长——2019 中国零售数字化力量 [R]．
[30] 达摩院．2020 十大科技趋势 [R]．
[31] 国务院发展研究中心课题组．传统产业数字化转型的模式和路径 [R]．
[32] 麦肯锡中国银行业 CEO 季刊．敏捷银行——打破边界 组织创新 [R]．
[33] CMMI 研究院．数据管理成熟度（DMM）模型 [R]．
[34] 白剑．数字化时代的组织变革 [R]．
[35] 埃森哲，埃森哲商业研究院，中关村信息技术和实体经济融合发展联盟，国家工业信息安全发展研究中心．拥抱革新思维深化数字转型 [R]．
[36] 郑卫华．制造企业数字化转型路径研究——基于 acatech 工业 4.0 成熟度指数 [J]．科技与经济，2018，8（4）．
[37] 王瑞，董明，侯文皓．制造型企业数字化成熟度评价模型及方法研究 [J]．科技管理研究，2019（19）．
[38] 艾瑞咨询．中国数字中台行业研究报告：2019 年企业数字化转型的加速引擎 [R]．
[39] Valdez-de-Leon, Omar. A Digital Maturity Model for Telecommunications Service Providers[R].
[40] Dr Ahmad Beltagui. A design-thinking perspective on capability development The case of new product development for a service business model[R].
[41] Sihem Ben Mahmoud-Jouini, Christophe Midler, Philippe Siberzahn. Contributions of Design Thinking to Project Management in an Innovation Context[R].
[42] Olgu Caliskan. Design thinking in urbanismLearning from the designers[R].
[43] Jeanne Liedtka. Linking Design Thinking with Innovation Outcomes through Cognitive Bias Reduction[R].
[44] David S Yeager, Carissa Romero, Dave Paunesku, Christopher S Hulleman, Barbara Schneider, Cintia Hinojosa, Har Yeon Lee, Josepg O'Brien, Kate Flint, Alice Roberts, Jill Trott, Daniel Greene, Gregory M Walton, Carol S Dweck. Using design thinking to improve psychological interventions The case of the growth mindset during the transition to high school[R].

团队介绍

韦玮

韦玮曾任麦肯锡商学院联合创始人及首任院长。

作为具有丰富理论知识与实战经验的企业数字化和业务转型专家，他在20年的管理咨询生涯中为全球超过100家企业提供过服务，包括业务战略、数字化战略、运营模式、组织发展等管理转型方面的指导以及高管领导力的辅导。加入麦肯锡公司之前，他是SAP大中华区副总裁和云解决方案事业部总经理，致力于将数字化技术与企业管理方案相融合，协助中国企业实现快速可落地的数字化转型。

此外，他还是多家媒体的独立撰稿人及专栏作者。他是美国项目管理协会（PMI）的认证专家、联合国开发计划署（UNDP）特聘管理顾问，曾为国际热核聚变实验堆（ITER）计划组织全球多个成员方提供项目管理和组织发展建议。他于中国人民大学取得管理学硕士学位。

张恩铭

张恩铭专注于设计、创意以及通过数字化的方式提升品牌体验。作为一名经过长期设计训练的品牌管理者，他的工作涉及教育、媒体、零售、广告等领域。他曾创办7X7.design，是麦肯锡商学院项目的品牌顾问、聚鲨环球精选的品牌打造者，他和韦玮及团队一起设计了数字化魔方，并为全新的数字化魔方实验室共享多年的设计和品牌实践经验。

徐卫华

徐卫华曾经是政府雇员、记者、企业管理人员，但现在他是坚定的咨询行业从业者。过去的10年，他服务于SAP、Capgemini、EY、Mercer等公司，历任中国区解决方案总监、咨询总监等，在战略管理、数字化转型、信息化规划、人力资本管理、公共管理等领域，为超过50家企业提供过管理及技术咨询服务，积累了丰富的咨询经验。作为数字化魔方的重要设计者之一，徐卫华为数字化魔方的总体架构及魔方设计方法做出了突出贡献。未来，他将与数字化转型实验室一起，输出更多的魔方"玩转"秘籍。

覃君军

覃君军是一位热爱品牌塑造与商业研究，相信数据驱动增长的营销人和撰稿人。他服务的领域横跨传统行业与互联网行业，拥有10年品牌管理与创新营销经验，先后担任中华老字号企业、视频购物集团、大型车企互联网出行板块的品牌部负责人，还参与了多个消费品品牌和新媒体文创项目从无到有的构建。

姚筱薇

姚筱薇，复旦大学 EMBA，资深管理咨询顾问，有五年以上在国际一线咨询公司 EY、Capgemini、Mercer 为大型企业提供战略规划、运营管理、人力资源等领域咨询服务的经验，后加入跨国民企，运用咨询逻辑结合企业实际业务情况，带领团队负责公司新项目研究及拓展、大型项目管理以及流程运营管理。在长期运用咨询方法论辅助企业业务落地的过程中，姚筱薇对经典咨询方法论的定制化运用及其对业务产生的影响评估有深刻的见解。

陈思

陈思，专注于商业分析和公共议题研究。作为一名充满创意的策划人和文字工作者，她先后在互联网初创企业、文化创意机构担任商务拓展和内容运营负责人，帮助团队创造了令人惊叹的快速成长。现在她服务于国际非营利性组织，工作涉及政府事务联络、企业创新支持以及政策建议与行业白皮书编译。陈思拥有美国西东大学东亚研究硕士学位。

吴从兵

吴从兵拥有 11 年品牌战略管理与规划经验，曾为包括诺基亚、百度、联想、AMD、一汽大众、微软、可口可乐、李宁等知名企业提供品牌/业务全案咨询服务及组织实施工作，获得客户的一致好评。

方天翔

方天翔热衷于跨领域课程设计及教育产品开发，曾参与开发真格学院线上线下课程，近年来曾组织、带领近百位创业者复盘和交流创业经历。他曾服务于联合国开发计划署、真格基金、美国 VA Hospital 等组织，多次担任项目经理、核心成员等角色。方天翔目前就读于美国圣路易斯华盛顿大学（Washington University in St. Louis），是学校研究生项目大使。

Roger Lo

Roger Lo 是设计总监，曾于台北与北京两地担任独立设计师，专注于品牌形象设计、美术指导、包装与装帧设计，参与文化、艺术、商业、餐饮等工作领域。曾获德国红点设计奖、金点设计奖年度最佳设计、中国台湾出版设计金蝶奖。合作对象有尤伦斯当代艺术中心、中国美术馆、华润置地、北京嘉里中心、嘉德艺术中心、中间美术馆、雕刻时光咖啡馆、失物招领、欣得酒店、新星出版社、中信出版社、桐寿司、梧桐等。

吴增伟

吴增伟是中青旅目的地营销事业部执行总监，曾是 SAP 企业级管理软件客户经理、工商事业部首席学习官、SAP 全球管培生。

姜环宇

姜环宇，博视天和品牌策划有限公司首席设计师，曾参与电影《流浪地球》的美术设计工作。

贾智

贾智，博视天和品牌策划有限公司设计师。

王凯利

王凯利，博视天和品牌策划有限公司设计师。

感谢成书过程中，实习生桂晨珺、吴璎容在案例研究和数据整理上做出的贡献，以及北京瀛和律师事务所陈辉律师提供的法律顾问支持。

DIGITAL CUBE LAB

数字化魔方实验室

咨询业务
Consulting Service

培训赋能业务
Training and Coaching Service

数据产品业务
Data and Products Service

案例研究中心
Case Center

关注微信公众号"数字化魔方",详细了解实验室数字化转型解决方案。

商业模式的力量

书号	书名	定价	作者
978-7-111-54989-5	商业模式新生代（经典重译版）	89.00	（瑞士）亚历山大•奥斯特瓦德 （比利时）伊夫•皮尼厄
978-7-111-38675-9	商业模式新生代（个人篇）：一张画布重塑你的职业生涯	89.00	（美）蒂姆•克拉克 （瑞士）亚历山大•奥斯特瓦德 （比利时）伊夫•皮尼厄
978-7-111-38128-0	商业模式的经济解释：深度解构商业模式密码	36.00	魏炜 朱武祥 林桂平
978-7-111-57064-6	超越战略：商业模式视角下的竞争优势构建	99.00	魏炜 朱武祥
978-7-111-53240-8	知识管理如何改变商业模式	40.00	（美）卡拉•欧戴尔 辛迪•休伯特
978-7-111-46569-0	透析盈利模式：魏朱商业模式理论延伸	49.00	林桂平 魏炜 朱武祥
978-7-111-47929-1	叠加体验：用互联网思维设计商业模式	39.00	穆胜
978-7-111-57840-6	工业4.0商业模式创新：重塑德国制造的领先优势	39.00	（德）蒂莫西•考夫曼
978-7-111-55613-8	如何测试商业模式	45.00	（美）约翰•马林斯
978-7-111-30892-8	重构商业模式	36.00	魏炜 朱武祥
978-7-111-25445-4	发现商业模式	38.00	魏炜

商业设计创造组织未来

书号	书名	定价
978-7-111-57906-9	平台革命：改变世界的商业模式	65.00
978-7-111-58979-2	平台时代	49.00
978-7-111-59146-7	回归实体：从传统粗放经营向现代精益经营转型	49.00
978-7-111-54989-5	商业模式新生代（经典重译版）	89.00
978-7-111-51799-3	价值主张设计：如何构建商业模式最重要的环节	85.00
978-7-111-38675-9	商业模式新生代（个人篇）：一张画布重塑你的职业生涯	89.00
978-7-111-38128-0	商业模式的经济解释：深度解构商业模式密码	36.00
978-7-111-53240-8	知识管理如何改变商业模式	40.00
978-7-111-46569-0	透析盈利模式：魏朱商业模式理论延伸	39.00
978-7-111-47929-1	叠加体验：用互联网思维设计商业模式	39.00
978-7-111-55613-8	如何测试商业模式:创业者与管理者在启动精益创业前应该做什么	45.00
978-7-111-58058-4	商业预测：构建企业的未来竞争力	55.00
978-7-111-48032-7	企业转型六项修炼	80.00
978-7-111-47461-6	创新十型	80.00
978-7-111-25445-4	发现商业模式	38.00
978-7-111-30892-8	重构商业模式	36.00